Rafael Guillen Beltre

Desde Dominicana Con Amor De Cristo

Rafael Guillen Beltre

Desde Dominicana Con Amor De Cristo

Del Socialismo de Chavez al Cristianismo de Liberación de la Dominicanidad Develada

Dictus Publishing

Cover image: www.ingimage.com

Publisher:
Dictus Publishing
is a trademark of
Dodo Books Indian Ocean Ltd., member of the OmniScriptum S.R.L Publishing group
str. A.Russo 15, of. 61, Chisinau-2068, Republic of Moldova Europe
Printed at: see last page
ISBN: 978-3-8473-8779-4

DESDE DOMINICANA CON AMOR DE CRISTO

DEL SOCIALISMO DE CHAVEZ AL CRISTIANISMO DE LA DOMINICANIDAD DEVELADA

Autor: Rafael Guillen Beltre

Al **Profesor Ramón Rafael Casado Soler**
Profeta del Evangelio de la Dominicanidad Develada

A la **Hermandad Paz Dominicana**
Instrumento Divino para la Liberación de la Humanidad

A **Hugo Chávez**
Brazo Libertario de nuestra América

CONTENIDO

A MODO DE PRESENTACION

"Un mundo unido en la fe es imposible que sea detenido hacia la realización de sus más elevados propósitos de luz. Cuando nos convencemos de las limitaciones que nos imponen nuestras propias creencias, y echamos abajo esos obsoletos conocimientos que no son más que la consecuencia de una deformación obtenida en una sociedad que nos ha programado en lugar de educado, más que para ser libres para ser esclavos y satisfacer intereses malsanos de unos pocos, alcanzamos pues, las fronteras de lo imposible como perfectamente realizables"

Rafael Guillen Beltre

PROLOGO

Inicio estas sentidas palabras confesando el asombro que me produjo la petición del autor para que prologara la presente obra, inmediatamente le expresé mi incapacidad para cumplir la petición, a lo que El me respondió: "La única fuerza capaz es la pureza del amor que anida tu corazón". Conmovida por su respuesta, decidí hacerlo.

En estos tiempos en que la humanidad vive momentos difíciles, solo el amor y el despertar de nuestras conciencias nos pueden conducir por sendas luminosas para encontrar el tan anhelado estado de paz y felicidad en la familia humana. Una sola acción de amor destella luz que toca y estremece las fibras del ser que en verdad somos aunque no logremos percatarnos conscientemente de esto. Imagino la humanidad siendo en este amor que despierta la conciencia. Tengo la esperanza y la fe que todos los que entren en contacto con el mensaje descrito en la presente obra experimenten el llamado al compromiso con la verdad y el amor.

En la presente obra cada palabra recorre las avenidas del alma que nos hace uno, sin pretensiones intelectuales, más bien con la fuerza que se deriva del libre ejercicio de ser y vivir plenamente. Por lo que más que expresar ideas irradia sabiduría, más que conocimientos, son reveladoras, y no es para menos, se trata de la exposición de un Evangelio de Salvación y Redención, en lugar de una doctrina de liberación y predominio de unos en detrimentos de otros.

Pido a Dios que las mismas sean para la bendición de toda la humanidad, aunque no es el propósito humano del autor, sé que la fuerza reveladora del mensaje descrito aquí impulsara toda una dinámica de despertar de conciencias a partir del reencuentro con las verdades inmutables de nuestros seres.

Me siento feliz por la experiencia de ser humana que vivo, me siento una hermana con mi prójimo, y por supuesto agradecida del lugar en la tierra que Dios me asigno para desplegar esta hermosísima epopeya de amor y de paz: La Dominicana.

Desde estas, nuestras tierras, para nosotros sagradas y santas, como sé que los son todas las demás, y precisamente fue la tarea de nuestros

Patricios fundar una nación que cumpliera la apoteósica misión de recordarle a nuestras naciones hermanas la viva imagen de Dios presente en todos.

Mi vida se transformó cuando encontró este Evangelio de Amor de la Dominicanidad Develada, inmediatamente experimente el llamado de asumirlo con todas las fuerzas de mi vida. Sumarme a la eterna misión de la Dominicanidad Develada que actualmente comanda Rafael Guillen Beltre significa todo para mí, cuantas experiencias he acumulado en esta senda, cuanta elevación espiritual he alcanzado y cuanto gozo y felicidad he vivido, recompensa y recompensará con creces cualquier sacrificio en aras de la paz y la hermandad de toda la humanidad.

Me permito hacerles una recomendación a los lectores de la presente obra, antes de comenzar su lectura, abandónense a ustedes mismos, no la lean con la mente, sientan las palabras con lo más hondo de sus corazones, les aseguro, doy fe, que jamás serán los mismos una vez se conecten a la conciencia cósmica que emanada de ella. La presente obra más que enseñar procura despertarlos a la fuente invisible e infinita de sabiduría que son ustedes mismos. Esta obra es un arma poderosísima para romper la fortaleza que aprisiona al ser verdadero que son ustedes.

Desde Dominicana, reciban la fuerza de nuestro amor eterno, así como las recibió nuestro hermano el Comandante Hugo Rafael Chávez Frías, quien es el indiscutible símbolo de la unidad de los pueblos, al recibir el Evangelio de la Dominicanidad Develada que ciertamente rompió cadenas fuertísimas en su vida que no le permitían gozar de la plenitud de su verdadero ser.

Para todos nuestros hermanos de otras nacionalidades, ideologías y credos, es importante que sepan, que en nuestro escudo nacional, en su mismo centro se encuentran las Sagradas Escrituras Cristianas, como un símbolo patrio, que encierra uno de los más poderosos arcanos universales de salvación, abierta en el Evangelio de San Juan, capitulo 8, verso 32: "Y conoceréis la verdad, y la verdad os hará libres".

Leidy Jiménez
06 de Octubre del año 2013 a las 03:27 PM

INTRODUCCION

Únicos e irrepetibles son estos tiempos que por gracia o desgracia estamos viviendo, un mundo donde sus habitantes se encuentran viviendo una vida nimia, bajo el efecto de una hipnosis colectiva nos manipulan utilizando todos los medios posibles, pero, ¿Quiénes son los que tras el telón dirigen la trágica obra en la que han convertido la humanidad? ¿Cuáles son sus propósitos? Desentrañar este gran misterio es uno de los grandes desafíos que tenemos los auténticos seres humanos para superar esta tragedia.

Las grandes corporaciones son las que nos dominan, son ellas las que trazan las hojas de rutas a todos los gobiernos del mundo, sí, es cierto, obtienen grandes ganancias de los tratos que logran con los gobiernos de los países, en todas las áreas y renglones, ellos son los amos de la economía mundial, pero ¿quiénes están detrás de estas corporaciones mundiales o multinacionales del mundo? Otro gran misterio a desentrañar.

El capitalismo no existe, no existe la libre competencia, ni la libre economía, cuentos de hadas que nos venden para legitimar ante la opinión publica el juego de unos pocos o unos cuantos en detrimento de las grandes mayorías. El socialismo como transito al comunismo, nunca ha existido, todo el conjunto de ideas bien estructuradas sobre estos sistemas antagónicos solo pueden ser simuladas virtualmente en las mentes de sus propulsores. Hasta la fecha no se puede identificar un solo modelo ya sea el capitalista o comunista, que verdaderamente respete las leyes y las teorías que lo fundamentan.

Las Revoluciones si existen, estas nos impulsan al bienestar colectivo, comienza con el despertar de nuestras conciencias, todo ser nace con una inclinación hacia la libertad, todo ser en esta condición humana anhela experimentar la máxima realización, se esfuerza por alcanzar la felicidad, la plena realización y el absoluto encuentro con su propósito o misión existencial. Sentimos en alguna que otra ocasión que algo anda mal, que las cosas no es exactamente como nos la vende la sociedad.

Necesario es dejarnos llevar por el instinto, sentir la verdad iluminando nuestras conciencias, no hay forma de explicarlo, pero cuando empieza a suceder no para, cuando comenzamos a preguntar, no encontramos respuestas, y la ausencia de las mismas nos produce un estado cada vez más crítico con todo lo que nos han dicho que son las cosas.

Guiado por el instinto abandone la plataforma convencional en la que se sostiene la sociedad, todos sus estamentos bien articulados para que no tengamos escapatorias, si vencemos un nivel, nos encontramos con otro nivel que obedece a otra programación más compleja y penetrante que el anterior, en verdad que es una odisea encontrar la luz verdadera, lo es, es cierto, y no podemos descansar aunque nunca la logremos plenamente, vivir en una búsqueda permanente de esta verdad alimenta el espíritu libre que en esencia somos, aun naveguemos en la ilusión de los infinitos hologramas proyectados en base a programación neuro científica social, si mantenemos una actitud crítica frente a todo lo que nos sugieren que son las cosas, sino somos tan fácilmente seducidos y en su lugar damos paso a la expansión de nuestras conciencias superando los límites de nuestros propios condicionamientos, pues estaríamos dentro del proceso revolucionario más trascendental que ha conocido la humanidad desde sus inicios.

La Revolución en si representa el cambio que se hace necesario para continuar con la existencia, sin un rompimiento cuasi radical de nuestros sistemas de creencias imposible es lograr la continuidad de la vida, puesto que vivir es darle paso al libre albedrío inherente a nuestra naturaleza y ser verdadero. Todas las formas de angustia, dolor, sufrimientos y enfermedades obedecen a la coartación de este flujo espontaneo de vida que somos nosotros, somos de una naturaleza que solo puede existir en constante expansión, la dinámica que nos da el movimiento produce los estados de suprema felicidad y paz con el que sueñan las mayorías.

Debemos empezar a ser, asumiéndonos desde una experiencia nueva, sin condicionamientos de ningún tipo, este planteamiento es atentatorio a los estándares de vida para los que nos programan en todas las sociedades de todas las naciones que conforman la humanidad. Existen unos individuos, un grupúsculo que está dándolo todo para que nos alejemos de ese impulso natural de vida que nos lanza a la ampliación de nuestros horizontes. Han trabajo arduamente desde siempre para que pensemos la libertad no la vivamos, reduciendo así nuestras innatas potencialidades, y que a decir verdad son ilimitadas, pero no lo sabemos, no somos conscientes y por tanto, vivimos como mendigos y pordioseros en el mundo, cuando somos reyes del universo infinito.

La idea de Dios, el conjunto de conceptos con los que nos han programado a través de los miles de años de existencia humana, han hecho que nuestra percepción de Dios, aunque errada, parezca verdadera, nos han despojado de los sentidos más finos, han construido un programa virtual capaz de negarnos a nosotros mismos, en definitiva la humanidad está viviendo en una poderosa y muy singular cárcel, en menoscabo con nuestras verdaderas y originales capacidades. Ya lo dijo Cristo, para entrar al Reino de Dios hay que nacer de nuevo.

Debemos negarnos a nosotros mismos, más bien negar lo que nos han dicho que somos para redescubrir quienes en verdad somos. Los grandes misterios de la vida se pueden alcanzar fácilmente. Asirnos de la autoridad de sabernos más allá de lo que nos han dicho que somos, el sendero que nos conducirá hacia nuestra libertad no es un camino, ni una doctrina, ni un culto, mucho menos una religión o ideología, ni siquiera una filosofía, es nada, es el infinito, es la eternidad, es la inmensidad de nuestros sentimientos en conexión con el todo.

No es fácil decirlo, bueno he hecho un esfuerzo por proyectar una conciencia amparado en la unidad con el todo, más allá del tiempo y los espacios, desde la nación en la que decidí nacer, y formar parte de ella, conectado a la supra conciencia de sus fundadores, sé que hay un plan superior, que trasciende todas las enmarañadas concepciones de la vida, y se vincula como fuerza arcana a la existencia misma de lo que somos.

Sin la fuerza que se desprende de esta conciencia universal y unificada, es imposible concebir un estado de real felicidad, porque todos los estados que nos producen gozos no obedecen a conceptos, ideas, realizaciones humanas, en fin no responden a ninguna programación, más bien son el resultado de lo contrario, de la rendición, del abandono de nuestros seres a todo cuanto nos han dicho que somos y que son las cosas, son el fruto de la desprogramación, ese es el sendero que le señalo Cristo a Nicodemo, nacer de nuevo, el renacimiento, o dicho con precisión la vuelta a la nada como ausencia de ese todo con el cual nos han sepultado en la más cruenta, fría y tristemente dolorosa soledad.

Cuando recorremos la senda hacia la liberación, estamos estimulando el más grande proceso Revolucionario que haya conocido la humanidad, Cristo lo asumió, y cambio los tiempos y la historia.

Ni siquiera es contrario a lo que somos lo que hoy sostiene un manto negro sobre las conciencias humanas, lo que somos no tiene adversarios ni contrarios, sencillamente no pertenece a la ilusión en la que está envuelta el mundo. Cristo así lo afirmo, cuando dijo, mi Reino no es de este mundo. Lo que hoy gobierna, controla, programa y manipula la voluntad de los pueblos que conforman la humanidad es tan débil que con el solo hecho de exponerse a la luz eterna de un nacimiento en conciencia, de un despertar de lo que somos, se disipa como la oscuridad ante la presencia de la luz, se derrite como un copo de nieve sometido al fuego sagrado de nuestra verdadera naturaleza, sin esfuerzos, sin ataques, sin acciones, solo siendo lo que somos, solo renunciando a lo que no somos.

Desde Dominicana sale esta luz, que está en todas partes, se emana este evangelio de amor que vive en cada corazón, se hace presente la verdad que ilumina todas las conciencias, desde la Dominicana se anuncia la Revolución que siempre ha existido, se lucha una causa que nunca conocerá un final, es el toque de diana que hizo que Chávez despertara, paso a mejor vida, al Reino de Cristo, vendrá renovado, habrá nacido nueva vez, tal como Cristo lo señalo, he aquí la Revolución Verdadera que hace desaparecer la mentira, las ideologías y las fragmentaciones, la Revolución del Ser que somos y siempre hemos sido, y seremos.

CAPITULO I

LA VISION ETERNA DE NUESTRA CAUSA UNIVERSAL

"Y aunque la verdad creo sus lampos para que fueran las luces del mundo, no exonero al tumulto de que pudieren parecerles sus voces las palabras de un leguaje desposeído de acento. El Movimiento Trinitario desencadeno la Epopeya Política más pura conocida por la Historia. No pudo ser comprendido entonces, no puede ser comprendido todavía. El Trinitario por excelencia fue la premonición lejana de un Mundo Teocrático. La concepción de Estado impoluto que concibiera Duarte corresponde a su inmarcesible identificación con el significado trascendental de la Palabra. Su profundidad revolucionaria fue de orden superior, actuaba en el nombre del Santísimo. Y la Divina Providencia tampoco se había permitido eximir a los rezagados de que pasaran por la prueba de blasfemar a su Creador. La Trinitaria es la exaltación en la Patria de la Presencia Olvidada por la grey terrenal.

Ramón Rafael Casado Soler

DOMINICANA, EL NOMBRE ES EL HOMBRE

REVELACION DE UNA MISION EN LA HISTORIA DE UN NOMBRE

Maestro, con apenas 24 años te visitaba en la urbanización el Vergel, de la Capital, en ese momento de mi vida donde todo se resumía en búsqueda desesperada por la verdad de mi existir, por esas razones que explicaran mi presencia en este planeta; tocaba la puerta de tu templo, porque eso era tu hogar, el vórtice energético desde donde se emanaba toda la mística de nuestra causa eterna, mientras esperaba con el alma sedienta, que tu hijo sobrino me abriera la puerta de la humilde morada que te resguardaba, era como abrirse los portales de mi propia conciencia. Como me emocionaba escuchar tus predicas del origen de nuestro nombre, saber de dónde viene el nombre de nuestro pueblo me daba paz, me hacía sentir confiado en el porvenir de nuestra Patria. Estoy convencido ahora como nunca, que al desentrañar la fuerza oculta de lo que somos como pueblo, tendremos pues, el detonante necesario para implantar nuestro legado civilizador en la historia universal de la raza humana.

Dominicana es el nombre con el cual nos bautizó el verbo divino en el ritual de las brasas oficiado por los nobles y puros próceres de nuestra independencia, allí se configuro un destino glorioso, trazaron las fuerzas invisibles que dominarían el universo hacia la consecución de un camino de amplias realizaciones e inocultables verdades redentoristas que permitirán el ascenso de la humanidad a mayores niveles de conciencia espiritual.

Los nombres como los hombres están tan interconectados, que uno es en el otro como lo es el cuerpo para el alma, un nombre es una proclama universal en la que se reafirma el sentido de la existencia de quienes somos. La palabra genera la creación de cuanto expresamos y dispone del universo físico con cada silaba extraída del Ser, organizando la concreción de la fuerza liberada en aras de darle cumplimiento al decreto proclamado.

Es imposible saber a ciencia cierta lo que somos, sino somos capaces de comprender la palabra que nos identifica como seres inmateriales causantes de lo material. Ideas llenas de fuerza, pensamientos cargados de luz, más aun sentimientos creadores de universos ilimitados como lo es nuestra más profunda esencia.

Nuestro nombre resume la historia de un pueblo, es peregrino del cosmos avanzando hacia su plena realización y la verdadera definición del camino que ha decidido transitar. Hacia esos horizontes de luces nos dirigimos, cuando como entidad social asumimos realizar el nombre al que respondemos, establecemos los parámetros en lo que nos desarrollaremos, convirtiendo la fuerza inmanente que somos en la misma expresión de nuestra obra infinita.

Antes que nosotros existiéramos como pueblo, ya la Providencia Divina avanzaba en la articulación de nuestra nación, éramos antes de ser. Dominicana es mantra sagrado en cuyo origen mismo se encuentran las simientes de nuestras esencias más puras, los fueros de una gracia que se haría pueblo caminante, de una nación que se convertiría en conciencia universal.

Para los filólogos cada letra en una palabra contiene un recorrido excitante a desentrañar, en la revelación del historial de la palabra se manifiesta el poder aglutinante de la alta significación que esta representa para el individuo y/ o la colectividad. La palabra es como la herencia genética de la fuerza matriz que la inspiro, el alcance de la palabra impone límites o confiere atribuciones especiales a quienes la encarnan. Los límites de Dominicana son los mismos que contornean el inmenso universo en que vivimos.

Para el Profesor y mi Maestro, Ramón Rafael Casado Soler, filósofo y autor de un libro antológico del origen de nuestro nombre, Dominicana El País del Amor Eterno, es más que claro la intrínseca relación entre una y la otra, al punto de ser una misma en la visión más profunda de quienes la reciben como Evangelio.

Al fin y al cabo, siempre es una fuerza inmanente la que nos mueve hacia los largos recorridos de nuestras más elevadas aspiraciones. En su libro, anteriormente mencionado, se narra el devenir histórico del origen de nuestro nombre y la enorme responsabilidad que implica la toma de conciencia de su significado. Se advierte pues, la revelación de un mensaje de otrora dimensión celestial, algo así que guarda perfecta armonía con la impronta dejada por la generación que nos legó un nombre para configurar a nuestra nación.

Así lo establece su luminosa predica, "el nombre, es el hombre", lo que somos está definido y delimitado por el nombre o sonido sagrado que nos proclama como entidad colectiva existente en esta sinfonía de naciones libres de la tierra. Todo apunta en dirección a una cima quijotesca que promueve una nueva civilización que tiene como vientre el sacro suelo de La Dominicana, y como testigo de excepción el acuífero que fue cómplice de las conspiraciones de los muchachos de la Trinitaria: El Rio Ozama.

De hecho, puedo afirmar que en nuestro nombre descansa el compromiso de un plan desplegado en los anales de la historia existencial de los seres, y reseñados con esmero en los sueños libertarios de nuestros próceres. Buscamos con afán el sentido mismo de lo que somos, y nos desvela la intensa búsqueda de nuestros orígenes espirituales, pues sin alma, para que necesitamos el cuerpo, la esencia misma que brota de la misteriosa simbología arcana de la que esta investida nuestro pueblo, ha de ser la antorcha de luz que nos conducirá por los senderos de la plena realización de la luminosa misión que poseemos.

El sonido perfecto que solemos mantralizar con nuestras gargantas y modular con nuestras voces reclama el surgimiento de una nueva sociedad, ordenada de acuerdo a cánones de elevada conciencia, pulcritud de espíritu y fortaleza moral. Así lo ha dejado plasmado para los militantes eternos de ese verbo creador que nos forma con las sublimes vibraciones de la armonía cósmica, en hora buena recibimos este Evangelio de la Dominicana, el que activa la viva imagen de Dios en cada ser humano.

Surgiremos como los hombres y las mujeres nuevos/as, nos levantaremos en los cimientos mismos que han parido civilizaciones a lo largo de la historia de la humanidad, e instauraremos el imperio que hasta el día de hoy jamás ha existido: El Imperio del Amor.

Me permito transcribir el significado atribuido por el Profesor Casado Soler, destacado filólogo de la nación, en su obra antológica sobre el origen del nombre de nuestro pueblo:

"Sus orígenes etimológicos dentro de su formación romance se encuentran, como hemos visto, en el latín y en el castellano, y se descomponen así: Dominus (lat.), Dios; y ana (cast.), el país.

El significado conjunto que desglosa los dos elementos integrantes del vocablo se obtiene por una transposición de términos en la conciencia que obedece al ordenamiento lógico de las ideas, conforme a cómo percibe el intelecto la significación de la palabra, el país (ana,cast.); Dios (Dominus, lat.), La Tierra del Señor!

Tenemos, pues, que del latín (Dominus-Dios), se desprenden las formas castellanas Domingo (Día del Señor), sustantivo; el adjetivo gentilicio dominicana, que ya conocemos; y la sustantivación Dominicana, que de este deriva. Aplicando el término para el país mismo que lo genera, desglosa el significado que le plasma nuestra nación en el idioma: El país con el nombre de Dios.

¡Somos el País del Nombre Eterno!".

Del Libro Dominicana El País del Amor Eterno, páginas 126 y 127.

El Maestro y Prócer de la Dominicanidad Develada fungiendo como profeta de nuestra nación, anunciando a todo el pueblo de la Domnicana la apoteósica misión que poseemos, ha dejado marcada el alma nacional con el desafío que nos imponen los nuevos tiempos, de fructificar como pueblo en civilización universal de amor eterno, en la realización del nombre con el que nos bautizó el Señor.

Las llamas flamígeras que nos llegan de ese nuevo sol que alumbra conciencias y despierta lo verdadero en cada corazón humano, hace surgir los nuevos liderazgos que han logrado superar los atavismos primitivos de la era cavernaria que muere con el florecimiento de las virtudes del ser verdadero que somos. Ha llegado la hora de la luz para nuestro glorioso pueblo de la Dominicana, y serán los hijos/as de la luz quienes responderán a los reclamos de justicia y perfección de la estirpe iluminada, que aguarda el cumplimiento de su trascendental destino.

CASADO SOLER, EVANGELISTA DEL HOMO DOMINICANUS

(En Conmemoración del Quinceavo Aniversario de su Fallecimiento)

En las noches oscuras de nuestras amarguras nacionales, te veo santo y glorioso, se alzan tus predicas providencialistas hasta los inmensos cielos donde habitan avatares civilizadores, mientras caminamos en la sencillez del evangelio que nos dará la verdadera libertad.

Llegando están los tiempos de los amaneceres de esperanza, se abren los sagrados misterios que nos definen como seres, el universo conspira junto a sus ungidos para cumplir las proféticas ideas que nos legaste en el grito insular que encarnó en tu voz de evangelista, exaltando la Presencia Olvidada por la grey terrenal en la tierra donde vive el pueblo que fue bautizado con el nombre eterno.

Al recordar tu partida de este plano terrenal, al dejarnos tus amores y la soledad de tu presencia, que se hacía más fuerte en nuestras conciencias, no puedo olvidar la tristeza que arropó mi alma, las lágrimas que despedían a un Padre, la confusión que experimentaba un discípulo, sobrecogido en un dolor hondamente sentido, solo me calmaba el saberte espíritu inmaculado, desplegado en los aires que nos darían respiro para seguir luchando por la instauración del Mensaje del Hombre hecho nación.

No pasó desapercibida tu despedida, te saludé desde mi silencio, prefiero los caminos largos que nos traza el destino, a la inmediatez que domina el corazón del hombre ambicioso y por demás vanidoso, escojo el reconocimiento de la obra consumada cuando haya de ser, pero con la certeza cierta de que será, venciendo los tiempos, y mas allá del olvido, Dominicana no puede ser ni será sin el fundamento del Evangelio Civilizador que nos legaste en tu canto de Amor Eterno, de un Pueblo destinado para despertar la viva imagen de Dios de toda la Humanidad.

Estas presente en el voto de consagración que hemos hecho de continuar la obra libertaria de los trinitarios, de avanzar hacia la gestación del homo dominicanus, expresión perfecta de las vibraciones espirituales del todo absoluto, poseedor de los elementos culturales trascendentales del imperativo humano de encontrarse a sí mismo para jamás yacer perdidos en el oscurantismo de los inferiores instintos que ya se empiezan escuchar como murmullos lejanos desde esta atalaya espiritual en la que nos encontramos los hijos e hijas de esta Patria Divinizada.

Será fecha histórica de los nuevos tiempos, el 16 de marzo de hace quince años, alzaste tus brazos, exhalaste tu inefable espíritu y proclamaste para toda la eternidad el nombre redentor de la Humanidad: Dominicana.

DIOS Y LA REVOLUCION SON EL UNICO CAMINO

Nuestra sociedad atraviesa una de sus peores crisis, nos ha llegado silenciosamente, todos estamos escandalizados por los constantes abatimientos que recibimos cuando irremediablemente enfrentamos las malolientes miserias que se desbordan. Llevo conmigo recuerdos de una época pretérita, que me producen gran pesar en mi alma, ya la impotencia nos carga enfermos, lo que hoy se plantea como desafío no se soluciona con discursos, ni teorías, lo que menos, política mercantil clientelar corroída de corrupción y aberración, que tanto y tanto daño nos han hecho.

A la nación le han cortado las venas, y se está desangrando de pavor, de angustia, de dolor, de frustración, sí, estamos muriendo de desesperanza, ya no es posible seguir conteniendo lo que ocurre, nos llevan moribundos a la morgue, morimos a lo que somos como sociedad que se pensaba civilizada, alegre, entusiasta y por demás honorable. Sin embargo quien se desangra solo encuentra las voces inútiles que empiezan a analizar por qué ocurrió, como ocurrió, pero a nadie se le ocurre actuar y colocar un torniquete al brazo desangrando.

Nos están vendiendo mentiras, nos quieren volver a engañar, necesario es que Dios nos ayude en esta difícil situación en la que estamos, como hablarle de valores a una sociedad que ve como sus autoridades se han hecho híper millonarias, y que tupe tienen esas autoridades que colocan esas campañas de promoción de valores en vallas, periódicos, radios y televisoras, cuando están sumergidas en el lodo de la inmoralidad y cubiertas sus caras de las más terribles y despreciables inconductas, nunca antes pensadas que acontecerían en la amada Patria de Duarte.

Nuestra nación necesita una unidad de fuerzas, no para denunciar, sino para actuar, necesitamos actuar antes que nos llegue el ocaso, y no veamos luz por un tiempo, Dios tiene que ayudarnos, solo Dios nos hace falta, solo en Dios podemos confiar. Nos hace falta activar el primer fundamento de nuestro lema sacramental, Dios, si, para que Salvemos La Patria.

Ya no nos persuaden esos mediocres discursos, muchos ya deberían de estar retirándose de la vida pública, deberían irse todos, y esperar el juicio que Dios y el Pueblo le harán, porque lo tendrán, si les quedara un mínimo de dignidad y pudor patrio. Yo no los quiero, y estoy trabajando para que tengamos una solución definitiva, y lo revelado a las mentes y corazones del pueblo, es que valientemente transitemos los senderos que nos permitan construir un proceso de transformación radical vía la Revolución, una Revolución Espiritual, una Revolución Moralizante, una Revolución Patriótica, una Revolución Económica, una Revolución Social. En fin urge una Revolución que divinice el concepto de Estado, y divinice todo el quehacer humano, hacia la plena realización del Hombre nuevo que demandan estos tiempos.

Pronto quedara demostrado que esas fuerzas supuestamente mayoritarias, en verdad no lo son, son minoritarias en principios y valores, y el pueblo mayoritario hará surgir su mayoría espiritual y moral por encima de toda esa parafernalia político circense , y le arrancara la careta para dejar descubierta su verdadero rostro de maldad y oscuridad. Las fuerzas mayoritarias se alistan para enfrentar a los enemigos de la Patria Trinitaria, y arrancarlos como cizañas que son del sacro suelo donde reposa la prodiga y mesiánica dominicanidad.

Todos los males deberán ser purgados, tendremos que repensarnos, y redescubrirnos, resurgir, para que podamos brillar con luz propia, sin injerencias, ni imperios de empresas trasnacionales que nos quieran robar lo que es nuestro. Con Dios y la Revolución, ¡Viva la Patria Divina!

HOLOCAUSTO MORAL

Que pena decirlo, pero toda esta inmensa degradación moral nos está matando de hastío, se lleva lo mejor de lo humano, condena a las nuevas generaciones a una sociedad sin aire limpio, materializada, cibernetizada, sí, que pena decirlo, todo esto es el producto de una conspiración del verdadero eje del mal que controla los negocios, las comunicaciones, los bancos, los políticos y las políticas.

Llevamos décadas persiguiendo sueños de justicia, en la avalancha de la modernidad robotizada del nuevo mundo, que nos extirpa los sentimientos nobles y ata nuestras conciencias y libre expresión.

Si lleváramos cuentas reales de los males que se acumulan en demasía, si fuéramos persiguiendo la criminal política que nos abate y nos empobrece, sin tan solo nos ocupáramos de ver y alertar de cómo se van perdiendo nuestros valores fundamentales, si acaso pudiéramos reaccionar contra toda mala práctica, toda aberración moral, toda conducta impropia, pues a tiempo hubiésemos podido salvar de la obscuridad a los tantos que la padecen.

Menester de los intelectuales es justificar a los trogloditas de la nueva era, con vuestra pluma disparan cañonazos contra el indefenso pueblo, dicen defender causas nobles, y solo hablan del quehacer impúdico de los que dominan a su antojo el sistema injusto que nos imponen.

El pueblo necesita un pensamiento simple, sin las complicaciones de los académicos, solo necesita revelarse contra la indignidad a la que está sumergida su vida azarosa, necesita de una sola virtud, de una sola cualidad, la del valor de atreverse a ser lo que es, necesario es arrancarle la dicha colectiva a quienes la han secuestrado para beneficios de unos pocos engreídos monarcas capitalistas egoístas.

Todos queremos cambios pero sin sacrificios, este pueblo se ha dejado gobernar por cobardes, por esos académicos tecnócratas que solo sirven para engañar al pueblo, con banderas falsas de progreso y valores que ellos mismos niegan con sus acciones. Se han dejado arrastrar por la vanidad del lujo y la comodidad, han sido tomados por los demonios de la lujuria y las legiones siniestras de las orgias sexuales.

Entregados están a la mereced de Belcebú, se contaminan y así mismo contaminan todo el ejercicio público que llevan a cabo, ya no le sirven al primer fundamento de la dominicanidad: DIOS.

Sodoma y Gomorra es el título de su obra de gobierno, violencia, sangre y lascivia, son los nuevos géneros conductuales que promueven, esa es la dura verdad, no solo han hecho suyo el erario público, sino que andan prostituyendo conciencias, mientras el pueblo sufre las consecuencias de tanta maldad concentrada dirigiendo sus destinos.

La batalla electoral que se avecina, es más que eso, es una guerra contra el mal, contra las tinieblas enquistadas en los estamentos del estado. Todo el que tiene un mínimo de información sabe de los vínculos de muchos políticos y empresarios, de apariencia honesta con el narcotráfico y el mundo de los misterios, como así ellos le llaman. Están curtidos de brujería, de todo tipo de hechicerías y cuantos rituales paganos y perversos en aras de poder y popularidad.

Los mismos que enarbolan un discurso moral, que van a las misas católicas y asisten a los cultos evangélicos, llenos de perdición están, ya Dios no resiste tanta maldad, hasta su paciencia se ha copado, necesaria es la redención de la nación completa.

Lo que nos pasa como pueblo, y esto sin exagerar, porque de todo cuanto he escrito existen las pruebas, y todos guardan silencio cómplice, es un verdadero holocausto moral, gobierna el demonio en esta nación, nos gobierna con mentiras y su ejercicio es blasfemia terrible al buen testimonio del pueblo de las sagradas escrituras en su escudo nacional, al legado de los padres fundadores de la dominicanidad y de nuestros próceres, héroes y mártires de la Patria sagrada con designio de luz.

Se acerca el día de Dios para nuestro pueblo sagrado de la Dominicana.

LA REVELACION DE LO QUE SOMOS

La política como ciencia explica con certeza y precisión matemática las razones que han imperado en la sociedad dominicana para que no se haya posibilitado un cambio de paradigmas del modelo conductor de la nación dominicana. Son muchos los factores que deben de ser analizados al momento de desentrañar las causas que han producido la inercia en la que se encuentra actualmente el pueblo dominicano. Es menester que busquemos el sendero de la luz que nos lleve a la comprensión de dichos factores explicativos.

Lo primero que debemos plantearnos es quienes somos como pueblo, y para ellos es necesario ir más allá de la respuesta simple. ¿Qué significa ser dominicano? Bueno deberíamos entonces viajar a los acontecimientos mismos que gestaron el milagro del nacimiento de nuestra república, las fuerzas vitales que incidieron para la conformación de la dominicana, como mantra sagrado de poder aglutinante de una colectividad enlazada por destino y propósitos hacia la consecución de una misión señalada a cumplir.

¿Quiénes fueron los hombres y las mujeres que levantaron sus gloriosos brazos para proclamar el surgimiento de una nueva entidad nacional en la sinfonía de los pueblos libres de la humanidad? ¿Qué fuerza vital los dominaba, que ideales conducían las empresas libertarias que encarnaron? ¿Qué valores y principios adornaban sus personalidades al momento de constituirse en protagonistas del destino glorioso que ejecutaban?

Más que perderse en las marañas desconcertante de las innumerables teorías sociales y corrientes del pensamiento preclaro que han trazado los nuevos rumbos de la gran familia humana, deberíamos nosotros identificar cual es el aporte como Estado Providencial que estamos llamados a realizar a las demás naciones hermanas del mundo, y de que forma nuestra contribución nos llevara al encuentro con la portentosa misión que tenemos que realizar, con características muy particulares, pero de una proyección a escala universal.

Nuestro pueblo existe, y es. Nuestro pueblo vive y ama. Nuestro pueblo aun en el sufrimiento más profundo está señalado para sobrellevar grandes empresas de luz, esta compelido a vencerse a sí mismo, y escribir su propia historia, marcada por vidas consagradas en santidad y valor, nuestro pueblo sabrá empinarse y mirar, sabrá descubrirse y proclamar todo cuanto es.

Ciencias exactas nos profetizan el futuro, lo que somos, aún permanece oculto de nosotros mismos, todo el sistema a través de la historia ha obrado para negarnos nuestra identidad, no quieren que existamos como somos, por ello han conspirado para que jamás surja ese amanecer glorioso en nuestras conciencias. Pero esa fuerza esta viva, crece y se desarrolla, camina sigilosa y nos enseña como maestra divina los postulados de nuestra existencia.

Y esa fuerza es la que ahora sale, se desborda y nos mueve, nos posee y construye nuevos episodios de gloria donde el pueblo por fin se encuentre a sí mismo, y con ello su mandato universal de perfección y felicidad para todos y todas.

El gran dilema de ser o no ser, nos corresponde a nosotros enfrentar, dentro de un mundo que solo aspira a imponer no a descubrir las potencialidades propias de la naturaleza que somos. La lucha ha de ser por la existencia, ha de ser para vivir plenamente, nuestro principal desafío ha de ser alcanzar esa conciencia de nación, esa identidad social, esa esencia universal, de la que está hecha el alma de nuestra autentica y verdadera dominicana.

La esclavitud no ha dejado de ser, aun se le ven sus cadenas y grilletes, aun se vislumbran los mercados donde la naturaleza humana esta reducida a un fin degradante e inferior a la superioridad que somos. Son nuestras almas las que están ahora atrapadas, nuestros estilos de vidas los que nos encarcelan, basados en la vanidad, el placer, el egoísmo y la ambición. Por demás estamos envueltos en un modelo de sociedad que nos impide conquistar un estado pleno de felicidad.

No solo nos esclavizan cuando nos reducen a números, cuando nos niegan las oportunidades de vivir con dignidad, sino que también lo hacen cuando lo que nos enseñan nos distancia de la naturaleza superior que somos. Hemos de luchar, pero luchar contra todos esos vicios degradantes que estimula constantemente la sociedad moderna en la que vivimos.

Dominicana debe reencontrarse consigo misma, alejarse al desierto de su conciencia para hacer surgir la poderosa fuerza que la define, puesto que nos han negado en todos los tiempos la posibilidad de ser, hemos de luchar entonces para encontrar el camino al ser que somos como entidad nacional.

Sin esa revelación de lo que somos, jamás podremos encontrar el rumbo perdido desde los tiempos de nuestra fundación. Así como nuestro padre fundador se perdió en las selvas amazónicas durante un tiempo, así eventualmente se ha perdido el horizonte de nuestra nación. Así como fue prácticamente lanzado al exterior el hombre que nos legó la dominicanidad, así ha estado nuestro destino de luz, peregrinando por las avenidas de la Supra Conciencia hasta encontrar el camino que lo devuelva a la profunda naturaleza del Ser que lo asumirá con elevada superioridad.

La Dominicanidad es un evangelio, es la buena nueva de lo que somos, la revelación directa del Supremo Creador a las mentes de los hombres y mujeres que nacimos en los nuevos cielos y las nuevas tierras de esta isla de encantos y maravillas, con el mandato del cosmos de producir la perfecta armonía insular, que nos llevara a la conquista del Hombre Nuevo.

La historia de la vida no se equivoca, la ciencia como filosofía nos plantea el reto, ha llegado el tiempo de volver a la fuerza originaria que hizo posible el nacimiento de nuestra dominicanidad. La dominicanidad ha de convertirse en nuestro credo, en nuestra doctrina obligada, en el marco ideológico que nos preparara hacia la reafirmación de quienes somos y que debemos de hacer.

Es el tiempo para que resurja el espíritu trinitario, la divinidad encarnada en el mentor por excelencia de nuestra nacionalidad, ha llegado el tiempo de continuar de verdad la obra pura y elevada que iniciaron esos jóvenes practicantes del bien absoluto, que formaron con sus almas amadoras el irrenunciable destino que nos marcaría para la eternidad.

La estirpe iluminada está aquí y ahora, y no somos soñadores, somos profetas y apóstoles del glorioso evangelio de la dominicanidad.

LA REVOLUCION NOS ESPERA

Antes las Revoluciones tenían que contar con las virtudes de hombres capaces de dilucidar los eventos y los comportamientos sociales más allá de las circunstancias que se daban en su momento presente, lo hacían cuales profetas, imponían sus criterios, porque eran dotados de ese don especial que la vida por razones misteriosas o no aprendidas aun por los seres humanos, los revestía de esa facultad metafísica de clarividencia.

Sin embargo hoy, las convulsiones y constantes presiones a la que están siendo sometidas las sociedades, hacen que ese espíritu de clarividencia y capacidades proféticas solo reservados para unos pocos, esté siendo derramado ante la estupefacta mirada de la colectividad por medio a los cambios que está produciendo la fusión cultural que la información servida a todos simultáneamente está ocasionando. Nos vemos afectados por los rápidos procesos que impulsan la modernidad, las telecomunicaciones avanzadas nos relacionan cada día más aunque la unidad que emerge es solo virtual, o más bien responde a los mismos métodos que la originan, el ciberespacio.

No se trata de una unidad de sentimientos, más bien es una que solo activa las emociones que vienen a ser como las espumas que dan la impresión de plenitud y llenura, pero luego se disipan revelando el verdadero contenido del recipiente de nuestras conciencias

Los cambios de nuestros hábitos y conductas van más rápido que los cambios en las estructuras familiares, sociales e institucionales, la celeridad de los eventos servidos a todos por igual, gracias a las interconexiones electrónicas de tecnologías cada vez más avanzadas, hacen que nuestros juicios y percepciones se ahoguen en las nuevas realidades que se producen de instante en instante haciendo que nos quedemos atrapados en pasados que pensábamos con potencial de futuro, y por supuesto esto produce frustraciones.

Ya el mundo está concebido de este modo, la relatividad de los hechos envueltos en la masa viva del tiempo hacen que los días pasen como si fueran meses, las semanas como si fueran años, los meses como si fueran décadas, las décadas como si fueran centurias. Se ha liberado la poderosa fuente creadora de lo que somos, estamos proyectando nuestras capacidades a velocidad del pensamiento cambiante, y las acciones se agotan persiguiéndolas.

Es por ello que hoy en día captar la atención de una colectividad es cuestión de un instante, mantenerla es casi imposible, cualquier experto quedaría corto, cualquier acontecimiento durara lo que dura una estrella fugaz en una mente impregnada de emotividad.

El tiempo que corre no es el mismo hoy que el de ayer, vivimos un fenómeno de cambios complejos, quienes no lo comprendan pueden arriesgarse a quedarse atrapado en el pasado pensando que está mirando hacia el futuro.

Cuan complejo es el análisis de las sociedades enmarcado en este nuevo contexto de abundancia de información servida y constantes cambios globales, para captar los fueros esperanzadores de las grandes mayoría de los pueblos del mundo, se hace necesario presentar como bandera aquellos valores que se agotan y nos identifican en nuestra más profunda naturaleza humana.

De lo que hablamos es de encontrar razones existenciales, tocar fibras que revelen vacíos humanos, la gente no reacciona con ese lenguaje técnico y por demás frio como tempano de hielo, con el que los líderes del mundo les hablan a sus pueblos, confundiéndolos en lugar de educarlos y crearles conciencia de algún tópico de interés colectivo, las mayorías tienen hambre y sed de un lenguaje cargado de auténtica sinceridad, donde el amor de sus líderes por sus pueblos los lleve a ejercer su humanidad, los pueblos quieren SENTIR más que emocionarse, necesitan SER más que le nieguen su propio y legítimo derecho a la realización integral de lo que en verdad son.

Lo que hace falta es lo que debemos revelarle a los pueblos del planeta, aunque para hacerlo sea necesario que nos rebelemos ante este sistema carcelario que nos reduce a números fríos y a nada, es la fuerza que nos levantaría del sueño milenario, y nos llevaría por los surcos del tiempo a la posibilidad del encuentro con lo que somos, necesitamos más espiritualidad y menos religiones, mas fe menos doctrina, mas sabiduría menos conocimientos, más conciencia menos informaciones, necesitamos más sencillez menos ostentación, mas entrega menos ambición, es imperativo que seamos más unidos menos ciberconectados.

El proyecto verdadero debe de ser el que nos haga más humano, el que nos enseñe a luchar con la fuerza invencible del amor, el que se defina misionero, con la voluntad de dar no de recibir, el que nos invite a ser mejores, a descubrir la dicha que se esconde, ha de ser donde se advierta el brillo de la santidad y la pureza de los propósitos pretendidos, ha de ser el proyecto de redención de nuestro pueblo, el que nos haga sentir hermanos y no contrarios, adversarios o en el peor de los casos enemigos.

Y verán cómo se darán los cambios, ellos son los que nos esperan, ya la Revolución está dada, solo espera por nosotros, avancemos hacia ella, estamos en el tiempo de lo posible, donde todo pronóstico será roto, donde toda regla predictora se desborona, solo prevalecerá lo que sea capaz de enseñarnos lo que nos falta, en un mundo que se envanece de ofrecerlo todo, y en el que todos avanzamos sin rumbo y perdidos, urgente es que despertemos al verdadero fundamento de cualquier revolución: LO QUE SOMOS.

LIDERES BABILONICOS DE NUESTRA EPOCA

Es la pura verdad, hemos perdido la inocencia, la inocente virginidad ha sido violentada con la penetración de elementos culturales que aborrecen las buenas tradiciones de nuestros pueblos, estamos ante una era caracterizada por la perversidad, la maldad y los fríos sentimientos de quienes desde las altas esferas nos imponen modelos conductuales surgidos de corazones negros y curtidos de ritos oscuros de todo tipo en aras de poder, fama y dinero.

Para nadie es un secreto las inclinaciones espirituales de la mayoría de los líderes que gobiernan el mundo, desde aquellos que están al frente de las naciones más poderosas de la tierra, hasta de los débiles y cobardes títeres de esas naciones poderosas. Solo hay que hacer un recorrido al historial de estos líderes involucrados en sectas secretas que ejercen una práctica humana distanciada de los valores cristianos que muchos suelen decir en sus discursos que practican con vehemencia.

La dinastía de los Bush, en la que han alcanzados puestos de Gobernadores de Estados y dos de ellos han logrado llegar hasta la Casa Blanca en Washington D.C., pertenecientes a sectas de renombres como las de Skull and Bones(Cráneos y Huesos), una hermandad que ha parido figuras estelares para la política internacional, y que se han dado la tarea de llevar a cabo un plan macabro de dominación mundial. Prescott Bush, abuelo del último de los Bush en alcanzar la presidencia de los Estados Unidos, es uno de sus fundadores naturales, de ellos se dice que hasta blasfemaron la tumba del Indio Gerónimo, y robaron su Cráneo para utilizarlo en sus rituales oscuros, la tienen en la Tumba de la Orden de la Universidad de Yale.

Pero no menos cierto es la naturaleza de los Estados que estos grupos de gente de familias exclusivas están promoviendo en todo el mundo, se habla de 13 linajes de familias que son fundamentos de esta nueva arquitectura político económica y militar que nos tratan de imponer, en base a todo un plan malvado que llevan a cabo gracias a la concentración de los grandes capitales mundiales que los hace acreedores de las mayores riquezas del planeta.

Es increíblemente asombroso y preocupante como van en aumento estos rituales denominados "satánicos" en casi la totalidad del planeta tierra, líderes connotados involucrados en estas acciones perversas llevando a cabo ritos que la gente buena y común no atina a creer de lo espeluznante que son. Las prácticas satánicas desbordan el mundo de hoy y hasta cierto punto explican la tendencia inmoral de nuestras sociedades.

La prisa con la que nosotros asumimos el día a día para poder cumplir con las obligaciones que nos impone una vida cada vez más complicada de llevar y satisfacer, no nos permiten advertir cuan engañados nos encontramos, cuantas mentiras nos venden y qué clase de líderes nos gobiernan. Y así avanza el tiempo, el pueblo mayoritario desprovisto de servicios básicos y atrapados en las fuertes exigencias de la época dura que nos ha tocado vivir, ve sus esperanzas tan lejanas, mientras nos van llevando por caminos que terminan en abismos infernales.

Por la naturaleza misma de la vida que he tenido que asumir, desde los 21 años de edad, como misionero itinerante, devoto directo del Altísimo Señor pero altamente influenciado por los valores cristianos familiares que me infundieron mis padres y los centros de formación académica en los que tuve la dicha de estudiar, he tenido pues, que ser testigo de tantas situaciones duras y malvadas que se mueven en el mundo de la gente pudiente.

En una ocasión tuve que involucrarme en la defensa de un antiguo amigo que estudiaba en la Escuela de Arte de Chavón, eso por el año 1993, donde los compañeros de promoción de Él en esa "prestigiosa casa de estudio" lo incitaban a adorar a "Satanás", bueno, fue una verdadera odisea la que pasamos cuando unos amigos tuvimos que ir a buscarlo para librarlo de esa claque de personas sin una pisca de humanidad.

Desde esa ocasión fui preso de una poderosa persecución y amenazas por parte de ese tipo de gente que práctica aquí en Dominicana esos ritos oscuros, y no se pueden imaginar la increíble presión que recibí en ese entonces. Por eso cuando uno investiga de estos temas horrorosos que se han convertido en uno de los principales problemas que amenaza a la raza humana, puedo corroborar como todo obedece a un plan universal de dominación y aniquilación de la esencia humana, hacia la negación de nuestra fe decente y moral.

La mayoría de los líderes de las grandes potencias son militantes de estas prácticas, en esta era de despertar que vive la humanidad toda la información está saliendo de una forma u otra y se hacen cada vez más que evidentes las practicas infernales que mueven las almas de quienes tienen bajo su mando la conducción de la política global. Ellos que vienen de una larga trayectoria en estos menesteres, están llevando su culto oscuro, su adoración a deidades profanas y perversas a infectar nuestras buenas costumbres, a través de los medios de comunicación masivos nos programan para que obedezcamos a otros patrones de conductas muy lejanas de las costumbres sanas y bonitas que heredamos de nuestros ancestros.

Y todo lo anterior lo están haciendo bajo el manto cómplice de los lideres títeres que ponen sus gobiernos al servicio de esta generación de serpientes y le dan la espalda al compromiso que pactaron con sus pueblos, ellos son uno solo, y van y vienen, son personajes tétricos, fríos y sin sentimientos que solo obedecen a designios malignos, y todo cuanto planifican da pavor y petrifica el alma sana, de tanta carga de maldad en su contenido.

Ellos son uno solo, sí que lo son, y esparcen su culto al demonio por cada rincón del planeta, realizan rituales de manejo de energías, recurriendo a prácticas paganas que se remontan a la época de babilonia, de los celtas, los druidas, y otras manifestaciones espirituales que llevaban a cabo sacrificios de seres humanos en la ejecución de sus creencias. En un brillante artículo de Fausto Araujo que realizara para la Revista Ahora publicado el 19 de mayo del 2003, respecto al tema, el narra lo siguiente:

"Los medios de prensa internacionales se hicieron eco en 1996 de la existencia en Balonica, Roma, de la secta los Niños de Satanás, la cual se dedica a realizar cultos diabólicos, a ofrecer menores de edad en ofrendas a Lucifer y practicar estupros, secuestros de personas con fines libidinosos, profanación de sepulcros y sustracción de cadáveres. La referida secta dirigida por Marcos Dimitri(Bestia 666), de 39 años de edad; Piergiorgio Bonora, de 27 años, y Gernnaro Luogo, de 31 años, quienes practican violencia sexual contra menores de edad y encierran a niños y niñas en tumbas con cadáveres adentro en los actos diabólicos que realizan.

Tanto en España como en Alemania existen grupos que hacen ritos satánicos ofreciendo mujeres embarazadas y luego sacrificando a las criaturas. En Argentina, Uruguay, y varios países iberoamericanos ha habido escándalos públicos por la existencia de la secta Niños de Dios o la Familia, la cual se dedica al consumo de estupefacientes y al secuestro de menores de edad, a los que violan sexualmente y ponen a realizar orgias sexuales y otras aberraciones".

El Pueblo Dominicano se despertó el 04 de mayo del 1996 con una noticia que desgarro el alma de la nación, cuando anunciaron que habían encontrado el cadáver del niño hasta ese momento desaparecido Llenas Aybar, el cadáver presentaba signos de haber sido sodomizado, con 34 puñaladas y la vena yugular cortada. Las investigaciones hechas en ese entonces apuntaron como responsables del horripilante crimen a su primo hermano Mario José Redondo Llenas y a Juan Manuel Moline Rodríguez.

Recuerdo que los medios reseñaban como algunas evidencias desaparecían, y cuan oscuro y tortuoso fue la elaboración del expediente acusatorio, plagado de sospechas y omisiones de testigos importantes. Inmediatamente uno de los supuestos co-autores del hecho criminal Redondo Llenas, señalo al esposo de la entonces Embajadora de Argentina Teresa Meccia de Palma, y a su hijo, Martin Palma Meccia. La acusación grave de implicación de este sujeto dantesco lo hacía poseedor de un prontuario delictivo de marcas mayores y todos con características de practicante de Ritos Satánicos.

La familia diplomática de Argentina fue escoltada por el gobierno de entonces para sacar del país a los implicados por los supuestos confesos asesinos del asesinato al niño Llenas Aybar, y luego el Presidente Menen, la destituyo de su cargo diplomático. Hasta la fecha guardan prisión los dos anteriores presuntos(a mi juicio) asesinos, mientras que los verdaderos perpetradores de infernal hecho aún viven en la más descarada impunidad, con la sangre inocente de ese ángel dominicano, que para mí, fue víctima de un Culto Satánico de poderosas implicaciones, que esperamos algún día salgan a la luz. Y así será en nombre de Dios.

Pero este personaje siniestro, Luis Palma, perteneció a la ultraderecha Argentina, miembro de la Alianza Anticomunista Argentina, que perpetro los más horrendos asesinatos a dirigentes de izquierda de la época. El Presidente de Argentina del entonces, Carlos Menem, amigo personal de Teresa Meccia, lo premia con un cargo diplomático para encubrir sus bien sabidas acciones criminales. Vino al país, y destruyo una gran parte de la credibilidad de nuestra sociedad con ese crimen horrendo. Pero donde quieras que estés, la pagaras, la justicia no se hará esperar, ya lo veras.

Otro caso de la misma especie fue el del Hogar La Ciudad de los Niños, San Francisco Javier, de San Rafael de Yuma, en Higuey, donde se acusaron a sacerdotes y laicos de sodomizar a ocho niñas y un niño, un caso con todas las características de cultos y rituales satánicos. El hecho ocurrido en el 2005, tuvo la inoportuna coincidencia de que los acusados murieron en diferentes hechos. Y la sociedad dominicana enterró el caso, lo dejo así.

Les aseguro que muchos de nuestros líderes políticos de las más altas esferas, así como líderes religiosos del más alto nivel, como connotados empresarios, comunicadores, en fin los que personalizan o representan los grupos facticos de nuestra nación dominicana, forman parte activa de estas redes. Son ellos, igualmente autores de miles de niños y niñas que desaparecen en extrañas circunstancias y nunca más vuelven a aparecer.

En esta hora estelar de despertar humano, les aseguro que toda esa raza perversa de serpientes, así como lo llamara el Maestro de Galilea, Generación de Víboras, que hoy intenta apropiarse de la voluntad de toda la humanidad, no prosperaran, caerán de sus cumbres podridas, beberemos un trago amargo al enterarnos de aterradores acontecimientos, hoy ocultos para las mayorías, pero seremos libres con la verdad, y cumpliremos el designio de luz reservado por Dios para la gloriosa nación latinoamericana y caribeña, nuestra Patria única y grande, la Patria buena de los libertadores de nuestros pueblos.

YA BASTA DE ALIMENTAR LA BESTIA MORIBUNDA

La falta de Fe de los actores buenos de nuestra sociedad hace que irremediablemente acepten lo que saben ya no sirve, cuando las leyes de la historia nos enseñan que cuando vemos que la sociedad ya no funciona con determinados modelos es porque sus resortes están cansados y casi inservibles. Veo con pena como los comentaristas y prominentes analistas caen en el vacío de tener que hablar cosas sin sustancias, y cuando el sistema apoyado en la falta de ofertas creíbles y con alguna vocación real de poder nueva vez intenta reciclarse, no tienen de otra que dejar que ocupen los espacios y tracen la agenda del día y de la semana las propuestas sin sentido que intentan vendernos los que fracasaron en resolver los principales problemas de nuestra nación.

Debemos tener Fe, y apostar al sabio y glorioso pueblo de la Dominicana, mirar nuestra historia, y contemplar cómo ha sabido salir hacia adelante a pesar de las circunstancias más duras que hemos tenido que lidiar. Nos han llevado a eso, nos han querido meter en un congelador nuestra férrea voluntad, nuestro espíritu espartano, nuestra esperanza y convicción. Y así muchos de los tantos dominicanos que han esperado la famosa generación de relevo con ansias, se han quedado plantados en el solitario asiento de la historia. Bueno será que esta es una etapa muerta de acontecimientos trascendentales que le den un giro a la historia, o será que la sociedad bien pensada por sus dominadores han generado una prisión de máxima seguridad en nuestras mentes y vidas para impedir que emana espontáneamente la fuerza natural que hace que los pueblos se rebelen, espada en mano, tracen nuevas rutas y hagan salir un nuevo sol de felicidad por la libertad que se dispone conquistar.

La Fe es determinante para el cambio, es necesaria para la resolución de los pueblos cuando se disponen a alcanzar mejores condiciones de vida, sin esa Fe los pueblos se mueren, se convierten en inútiles masas bobas, fácil de manejarlas, aunque la lleven a un matadero, o a un abismo.

La cita con esa generación de relevo, fue mal direccionada, fue enviada a las estructuras de los partidos tradicionales dominantes, hubo una equivocación del espacio mas no del tiempo, jamás los pueblos son abandonados a su suerte, siempre surgen los actores sinceros y comprometidos capaces de hacer lo que es necesario para levantar la bandera de la justicia y la libertad de las naciones. Pero no han sabido buscarlos donde deben, se han dejado entrampar por el mismo sistema, cuando la historia da lecciones imperecederas, nunca surge de lo viejo lo nuevo que ha de rescatar la esencia de nuestros gloriosos pueblos.

No sigan alimentando a los falsos y equivocados actores del presente, una nueva estirpe se abre camino, lo he venido escribiendo, y ya lo verán, sabrán que tan glorioso es nuestro pueblo, y que tan grande su espíritu resuelto, ya no podrán detenernos, se acabaran todas las teorías y análisis sustentados en lo viejo, las nuevas acciones configuraran una nueva realidad, aquellos que se han creído dueños del destino de todos, se desgarraran las vestiduras, serán desplazados los incapaces y usurpadores de funciones.

Lecciones de historia recibirán, no se equivocan las leyes de la historia que rigen todos los acontecimientos de la humanidad. Esa humanidad que desea brotar de todo corazón y solo espera que los grifos sean abiertos para que sea derramado su poderosa fuerza vital que hará que todo prospere y avance a la reafirmación del propósito milenario que hemos de definir en estos tiempos.

Ya no más gastar nuestras energías alimentando falsos proyectos, que solo están orientados a engañar y confundir, cuando todos a la vez solo buscan llenar sus alganas de lo poco que aún nos queda, para vivir su vida de lujo perverso, ya no seremos esclavos de sus miserias, y nunca más nos engañaran.

Tengan absoluta Fe en el Pueblo, no le sigan dando alimentos exquisitos a la bestia que muere, esa si ha fracasado, el Pueblo apenas empieza su camino de triunfo, ese sistema indolente y deshumano si está atrapado, más si podemos ver con esperanza como se construye la zapata de la nueva humanidad, como son levantadas sus columnas de amor y justicia, y es edificada sobre roca firme el nuevo espíritu que regirá para siempre la raza eterna que desde la atalaya de este minúsculo punto del cosmos iluminara el orbe con la grandiosidad de su amor infinito.

Unos han muerto, otros están muriendo, ya la bestia ni camina, el Pueblo ha colocado su pie justiciero en su cuerpo derrotado, la tiene sometida al polvo de la derrota, mientras que El (El Pueblo) mantiene su cabeza erguida cual sol brillante ante la historia.

HACIA UN LIDERAZGO RESPONSABLE

Resulta pero terriblemente dramático accesar a las grandes fuentes de información que están disponible gracias a las nuevas tecnologías de las comunicaciones, nos llaman poderosamente la atención las que hacen referencia a los indicadores medioambientales y de sostenibilidad de la vida en la tierra. Todo esto cuando los seres humanos estamos enfrentando graves problemas de sobrevivencia y estamos constantemente asediados por los disturbios climáticos que no son más que una consecuencia de la conducta irracional que ha caracterizado a la humanidad respecto a la madre naturaleza.

El crecimiento descontrolado de la población humana hace que se consuman a un ritmo más acelerado los recursos naturales sin que le demos tiempo a que estos se regeneren en un tiempo considerable, a mayor cantidad de personas viviendo en la superficie terrestre más demanda de recursos naturales, que son limitados, y en consecuencia empeora la calidad de vida de los seres humanos.

Hoy en día enfrentamos serios problemas con el recurso de aguas dulces, el aumento de la población humana hace que aumente la cantidad en igual proporción la escasez de agua dulce, generando serios problemas a gran parte de la población humana. A esto hay que agregarle la destrucción de nuestros bosques, hasta la fecha ya se ha perdido la capa forestal del mundo, y cada año se cortan o queman 16 millones de hectáreas.

El calentamiento global es otro de los grandes desafíos con lo que actualmente nos estamos enfrentando, las emisiones gaseosas de efectos invernaderos debido gran parte de estos a la quema de combustibles fósiles está aumentando dramáticamente la temperatura de la tierra. Esto a su vez está provocando el deshielo de los polos, lo que en consecuencia está aumentando los niveles de agua en nuestros mares, causando inundaciones en muchas partes poblada de la tierra.

La población ha estado creciendo más rápidamente que los suministros de alimentos. A causa de las presiones de la población se han degradado unos 2.000 millones de hectáreas de tierra arable, un área del tamaño de Canadá y Estados Unidos. No estamos preparados para satisfacer la demanda de alimentos al ritmo del crecimiento que estamos llevando. Por lo que se estiman trágicos pronósticos de fuertes hambrunas en gran parte de la geografía planetaria, apenas estamos viendo el principio de una era apocalíptica sin precedentes en la historia de la raza humana.

Mientras todos estos males amenazan seriamente la existencia de la humanidad en la tierra, los líderes de las naciones más poderosas e influyentes no reflejan una conducta cónsona a esta dramática realidad que nos arropa, estamos siendo dirigidos por hombre y mujeres, en su mayoría ciegos, sin visión y faltos de capacidad y voluntad para darle respuesta a estos grandes desafíos que se ciernen sobre todos los pueblos del mundo.

Y como el orden debe empezar por casa, los dominicanos debemos avocarnos a un cambio radical de nuestros hábitos de vida, en lo concerniente al consumo excesivo que nos ha impuesto este sistema criminal y anti natura denominado capitalista. Es necesario que el pueblo dominicano entienda que debido a la gran crisis climática que hoy enfrentamos debemos asumir actitudes responsables que nos dirijan a dar una respuesta seria a estas grandes amenazas que hoy tenemos.

Es cierto que somos una nación pequeña, pero más cierto es que la pequeñez territorial no es un limitante para alzarnos como una poderosa voz ante el mundo, y llevar luz mediante nuestro ejemplo a las demás naciones que son parte de la tierra. Somos nosotros los responsables de garantizar la existencia de la vida en la tierra, de nuestras futuras generaciones, nuestros hijos e hijas, quienes no nos perdonarían jamás que nos hayamos quedado petrificados en la más irresponsable inercia frente a estos serios problemas.

Es por ello que ya basta de esos liderazgos mediocres e incapaces, o esos otros liderazgos ególatras, cuya prioridad y preocupación primera está basada en la proyección personalista de una gestión de gobierno. No es un juego lo que estamos enfrentando y se necesita más que poses y discursos huecos, estilo o glamour, para asumir los retos que nos está deparando estos tiempos modernos.

El pueblo dominicano tiene que empezar a abrirse campo, a trillar caminos nuevos, a promover otros paradigmas que respondan mas a los problemas de esta generación y no a la problemática que se encuentra en estado de invernadero en las mentes de los actuales líderes obtusos que hoy dirigen la cosa pública.

Necesitamos líderes humanos, serios, verdaderamente honestos, temerosos de Dios por sobre todas las cosas, y con la suficiente humildad para no creerse mesías, y estar abierto a una gestión gubernamental convenida por el consenso de los principales actores sociales e individuos que conviven en nuestra sociedad.

Sin un liderazgo inspirador, fundamentado en el ejemplo de sacrificio y desapego por los bienes materiales, alejado de la vanidad que distrae y corrompe, ausente de todo tipo de ambición y egolatría, resultaría imposible lograr impactar las conciencias de la población hacia las transformaciones humanas y sociales que ameritan estos tiempos.

Que no se siga equivocando este pueblo, apostando a cederle el poder a otros simplemente porque nos lo han vendido como productos de una efectiva campaña de mercadeo y de publicidad, atendiendo a reglas y leyes muy claras de carácter cientista manipuladora. Como humanidad hemos creado un caos, estamos atrapados en nuestros propios estilos de vida, y las enfermedades aumentan como consecuencia de las constantes presiones que hoy tenemos para poder tan siquiera sobrevivir.

Hemos olvidado que estamos aquí para alcanzar la felicidad, pero que dicha felicidad solo es posible cuando logramos que otros lo sean, solo así, podemos conseguir felicidad social, porque ya basta de que una gran mayoría este sufriendo todo tipo de penurias y miserias, mientras otros se dan la buena vida a espalda de la cruel realidad de sus hermanos.

Tenemos necesariamente que unirnos, para vencer las dificultades, pero también tenemos que arrebatarle el poder a quienes lo ostentan de una forma irresponsable, y entregárselo a quienes poseen verdadera voluntad y sensibilidad para resolver los problemas que padecen las mayorías. Nunca he entendido como un político puede experimentar el dolor de su pueblo, sino vive su realidad, sino padece sus necesidades, ni sufre sus desesperanzas. Mientras ellos viven en lujosas mansiones, se mueven en modernos vehículos y gozan de grandes placeres. Que voluntad puede nacer de esos hombres que dicen representar el interés de las mayorías, que bárbaros son, que cachazas tienen.

Vamos a crear un súper movimiento que concentre una gran mayoría de nuestra población, empuñemos nuestras manos y unamos nuestras voluntades hacia la definitiva concreción de una fuerza política que arrase con todo lo malo y proclame una nueva era para nuestro pueblo, hagámoslo, no esperemos más, se necesitan voluntarios, más bien los tiempos están demandando patriotas, guiados por la luz del eterno creador y amparados en el ejemplo de nuestros próceres.

Elevemos nuestras almas al Dios misericordioso, y hagamos lo imposible, que seamos uno para siempre, una sola familia reclamando al universo la perfección, una sola hermandad luchando por una nueva nación, hagámoslo, que se levanten nuestros espíritus, y marchemos unidos a la conquista de la verdadera libertad.

POR UN PLATO DE LENTEJAS

Se nos va de las manos el país en el que vivimos, la esperanza yace muerta para los pobres desgraciados de nuestro terruño, quienes son la gran mayoría. Casi cinco décadas de democracia solo han servido para construir riquezas exorbitantes y privilegios irritantes para un puñado de gente, mientras, miserias, marginalidad e infelicidad para el resto de la población. Cuando la dictadura del sátrapa fue decapitada, se abrieron nuevos portales de esperanza, pensó el pueblo de la dominicana que por fin le llegaba su bendición, más bien fue alcanzado por otro monstruo demoledor y déspota, el capitalismo salvaje, inhumano e injusto.

Este nuevo monstruo entro a la nación dominicana, como sabe hacerlo, con asesinatos, robo del patrimonio nacional y campañas enajenadoras de las buenas costumbres y hermosas tradiciones de nuestro pueblo bueno. Con sus garras se llevó entre sus uñas a los mejores exponentes de la raza inmortal encabezado por Manolo, le costó a nuestro pueblo a un Amín, un Amaury y un Orlando. Y por demás infecto a la sociedad con la desgracia de nuestros tiempos, la droga, para alejar a nuestra juventud del camino bueno y del compromiso con la Patria.

Activo su guerra preventiva, llevaron a cabo asesinatos selectivos de los llamados cabezas calientes, que no eran más que los buenos dominicanos que salieron al frente de la dignidad de nuestra Patria en ese entonces, y alzaron desde sus tumbas la enseña tricolor para la posteridad. Cayó toda una generación de brillantes y valerosos dominicanos/as, tintaron las calles y aceras de nuestras ciudades del color de quien gobernaba en ese tiempo, los yanquis y su monstruo el capitalismo le cercenaron el futuro a la Patria de Duarte, Luperón y Caamaño. Y todo bajo la complicidad de los grandes liderazgos políticos, de los oportunistas de la nueva democracia recetada por los yanquis, querían un pueblo sojuzgado, y lo obtuvieron.

Quien quiera buscar las raíces de los males que hoy nos afectan, de esta democracia malograda y maltrecha, de malhechores y gánsteres, que incline su mirada a los mártires de esa época de verdaderos titanes de la libertad, que no se doblegaron nunca y eligieron ser condenados a muerte segura antes que arrodillarse al tío Sam. Por supuesto que no hubiese sido lo mismo si estuvieran vivos, guiándonos con las cualidades de su valentía y abnegado amor a las libertades, con su moral y honor, otra sociedad hubiésemos sido.

Por eso la estabilidad que los enemigos de la Patria dicen exhibir ahora, no ha sido más que la mutilación de un pueblo de su hombría generacional, y la inoculación de elementos culturales nocivos y ajenos a lo que nos identifica como dominicanos y dominicanas. Todo adrede, bien planificado para construir una generación que este programada para defender más un estilo de vida impuesto con sus campañas sistemáticas mediáticas, que el sagrado interés de la nación dominicana, pues deformaron el significado espiritual y cultural de la dominicanidad.

Ahora son recordados nuestros héroes y heroínas por los traidores que ostentan poder, pelagatos que nada tenían y que vendieron la gloria y el decoro de todo un pueblo por un mísero plato de lentejas. Se remueven los huesos de esa generación de inmortales, sí, digo inmortales, porque nunca morirán, viven y vivirán, y de seguro que volverán, y cuando eso suceda, cuando la conciencia sea revelada, pondrán el país boca abajo, para que salga todo lo inmundo y sucio, levantaran las alfombras y barrerán todo lo asqueante acumulado por décadas de indignidad, falsedad y oprobio.

La estirpe iluminada esta aquí y ahora, por eso se escuchan las voces de Manolo, y de otro que fue vilmente impactado por balas cargadas de odio a las libertades, recoge sus lentes y se los pone, ya la miopía del pueblo no impedirá que distingamos el buen camino que tendremos inexorablemente que transitar. Saldrá de la cueva ungida por las glorias divinas, el coraje insigne que nos mantendrá de pie, ahora multiplicados en miles de Manolo, en miles de Orlando y en miles de Amaury.

DOMINICANA CONTRA EL NUEVO ORDEN MUNDIAL

Desde que se inventó el papel moneda para realizar transacciones comerciales, el mundo civilizado ha visto surgir un modelo económico basado en la usura y la destrucción de la calidad de vida de la humanidad. Por más que los países se esfuerzan para avanzar hacia un desarrollo económico que se exprese en la felicidad de sus pueblos, lo cierto es que estos esfuerzos son inversamente proporcionales a los resultados que se obtienen. El presidente de Los Estados Unidos en cuyo mandato se creó el Acta de la Reserva Federal de los Estados Unidos, expreso al término de su mandato: "Algunos de los hombres más importantes de los Estados Unidos en los negocios y en la industria sienten miedo de algo. Saben que existe un poder tan bien organizado, tan interconectado y tan persuasivo que es mejor no soltar el aliento cuando dices la verdad sobre ellos".

Este súper poder bien organizado existe, no se encuentra alojado en un territorio, funciona sigilosamente bajo el manto de la invisibilidad y la propaganda mentirosa, con fines muy definidos, con métodos despiadados para lograr sus objetivos y con una presencia en todos los estamentos decisorios del planeta que da grima. Ellos lo controlan todo, al tanto que se pudiera afirmar que no existe un gobernante de la tierra que de alguna manera no esté controlado por ellos.

Este poder bien articulado en lo económico, lo político, lo mediático, lo científico, lo ideológico y lo religioso, funciona sorprendentemente desde una mesa que no sobrepasa los trece miembros. No se puede estudiar la historia de la humanidad de los últimos trescientos años sin conocer la historia de estos carteles financieros internacionales, que a pasos acelerados y contando con las mejores tecnologías enrumban al planeta a un caos sin precedentes en los anales de la historia de la civilización humana.

Como es posible que siendo las ciencias económicas medularmente fundamentales para el sostenimiento y la comprensión del orden de las cosas en el planeta tierra, seamos todos grandes analfabetos de conocimientos básicos sobre la misma. Por ejemplo la gente no entiende nada de economía al punto que la rechazan en su mayoría, la gente no sabe de dónde proviene su dinero, ignora que todo el dinero que circula en todas las economías del mundo, representan una colosal deuda que en el caso hipotético de pagarse, no existiría circulante en las calles.

Por supuesto, que esta ignorancia no es obra del azar, es parte del plan de dominación mundial que idearon para esclavizar las naciones a través de las colosales deudas acumuladas, y así quebrar sus soberanías y arrancarle sin piedad sus reales riquezas. Ese es el modelo que hoy nos tiene atrapado, es el actual modelo que nos han vuelto más pobre e infelices, y que sin una ruptura del mismo a través de una revolución radical, estaremos rumbo a la perdición total. Si no lo creen, miren lo que está sucediendo en naciones y bloques poderosos como la Unión Europea y los Estados Unidos de Norteamérica.

Es un mal general que parece inevitable. ¿Cómo una nación tan pequeña como la nuestra podría salvarse de tan perversos poderes mundiales, tan bien estructurados, especialmente después de la segunda guerra mundial? Diseñaron la geopolítica que nos ha metido en este infierno, estos prestamistas sin alma ni más humanidad que su enferma ambición de dominación mundial, crearon, la ONU, el FMI, el BM, el BID, el BIS, la Guerra Fría, que permitió la erogación de grandes cantidades de recursos de los presupuestos nacionales a la fomentación de la industria armamentista, la Unión Europea, la OTAN, y un largo etcétera, que sin lugar a dudas, hasta ahora les ha salido muy bien.

Tesis, antítesis, dan la síntesis, por un lado o por el otro, nos dominan, esa es la cruda verdad, al fin y al cabo, estamos dentro del oscuro juego que han creado, de su mundo centralizado y dominado por unos pocos a costa del sufrimiento humano. La idea apocalíptica de los acontecimientos que vivimos, tiene una explicación científica histórica, muy bien resguardada para que por supuesto nadie la conozca y continuemos con la venda en nuestros ojos. Esa es su principal arma, dominarnos sin que lo sepamos.

Pero a ellos les digo que se les olvido algo en todo su plan luciferiano, que existe una nación en cuyo escudo se encuentran las sagradas escrituras abiertas en el evangelio de san Juan capítulo 8, verso 32, que reza: "Y conoceréis la verdad y la verdad os hará libres".

Se avecina un despertar, y nuestro pueblo jugara un rol de estelaridad en los próximos años, el sistema actual se desplomara totalmente, gracias a la promesa del Dios verdadero, de nuevo cielos en nuevas tierras, gracias a una estirpe iluminada que pronto brotara con la fuerza arquetipo del verbo divino encendiendo la llama eterna de la nueva conciencia universal.

CAPITULO II

DESDE DOMINICANA CON AMOR DE CRISTO

Ahora si es verdad que se me cayó todo el cabello. Bueno, así era yo hace 50 años: me decían precisamente "COCO" (mucho antes de ser Tribilín y poco antes de ser "El Arañero"). Recuerdo que me ponía un poco bravo con Luis Alfonso el bodeguero cuando pasaba en su vieja bicicleta y me gritaba "COCO". Coco Pelao, ¿y qué?... Por cierto que me entero por la maravillosa Telesur de unos jóvenes dominicanos que se pelaron el coco en solidaridad con este humilde servidor... ¡Ay, quién pudiera abrazarlos, muchachos y muchacha! ¿Saben una cosa? Yo quiero mucho al pueblo Dominicano y guardo de esa Patria infinitos y bellos recuerdos de mis andares por allí en otros tiempos de mi vida. Veo que son miembros del grupo cristiano "Paz Dominicana". Digo con ustedes: "SI CRISTO CON NOSOTROS, ¿QUIÉN CONTRA NOSOTROS?". ¡Que Dios me los Bendiga muchachos!

Hugo Chávez

TESTIMONIO DE UN PODEROSO VOTO DE FE A DIOS

HACIA LA SALVACION DE LA HUMANIDAD

"Para el logro del triunfo siempre ha sido indispensable pasar por la senda de los sacrificios."

Simón Bolívar

En la madrugada del 01 de agosto del 2011, se encontraba nuestra hermandad misionera pernoctando en la casa de nuestro hermano Felipe Carvajal en Santo Domingo Este de la Dominicana, allí revisando las noticias a través del internet vimos las primeras imágenes del Presidente Chávez con la cabeza rapada por los efectos del tratamiento de quimioterapia que se le estaba suministrando en la hermana Republica Revolucionaria de Cuba. Fue justo en ese momento cuando una poderosa fuerza se derramo sobre mi persona, impregno todo mi ser, mente y cuerpo, una corriente divina que no encuentro palabras adecuadas para describirla, lo cierto fue que experimente algo tan fuerte, poderoso y sublime que supe que me encontraba ante la presencia de un evento que superaba todo razonamiento e inteligencia humana.

Fue en ese momento que pude ver con tanta claridad a los miembros del grupo cristiano al que pertenezco arrodillados mientras nos cortaban los cabellos, al tiempo que podía escuchar tan claramente esa voz fuerte y cargada de autoridad diciendo: "El Voto que hacen por la salud de vuestro hermano Hugo Chávez no solo lo sanara sino que salvara todo el proceso continental de emancipación de los pueblos de América y el Mundo".

Inmediatamente pude salir del trance de esta experiencia sin igual, convoque a los muchachos despertándolos del sueño profundo en que se encontraban y les trate lo vivido, llegando a acuerdo común de que estábamos recibiendo un mandato de Dios de llevar a cabo un Voto de Fe a nuestro Dios para Sanar a nuestro hermano el Comandante Hugo Chávez. Tomamos la decisión de realizarlo en las instalaciones de la Embajada de la República Bolivariana de Venezuela en nuestro país, La Dominicana, y para ello al día siguiente de lo aquí narrado, un martes 02 de agosto le enviamos una comunicación al entonces Embajador de Venezuela en Dominicana, Alfredo Murga Rivas.

El Voto se llevó a cabo en la Embajada de Venezuela de Dominicana, un jueves 18 de agosto, justo ese día se celebraba en nuestro país, el día del Médico Dominicano, increíblemente y sin pretenderlo, el día que se llevó a cabo este mandato de Dios coincidió con un día dedicado a los galenos que se esfuerzan por darnos la salud.

Una vez hecho el Voto, por el Poder que Dios le imprimió al mismo, el Canciller Nicolás Maduro ahora Vicepresidente de la República Bolivariana de Venezuela, por órdenes expresas del Presidente y Comandante Hugo Chávez, nos mandó a llamar con su Embajador Alfredo Murga Rivas para expresarnos lo profundamente agradecido y conmovido que se sentía el Presidente Chávez por la acción de Fe y de Amor que realizamos por su sanación diez miembros de nuestra Organización Cristiana Ecuménica Paz Dominicana, incluyendo a una joven mujer dominicana de larga y hermosa cabellera.

Ese viernes 19 de agosto del 2011, recibimos vía la Embajada de Venezuela en Dominicana una invitación del Ministerio Cristo es mi Vivir que preside el Pastor Kuennet Maita, para participar a una Oración Ecuménica de Sanación para el Presidente Chávez que se llevaría a Cabo el domingo 21 de agosto en la Puerta Dorada del Palacio de Miraflores y en la que el mismo Presidente estaría presente. Un altísimo honor para nosotros, personas sencillas y consagradas humildemente a las labores propias de nuestra organización.

El sábado 20 de agosto partimos para Venezuela, no sin antes enterarnos de que el Presidente nos había bendecido a través de una columna donde escribía llamada Notas de Retaguardia, donde incluía su valoración al Voto que Dios nos mandó llevar a cabo en su nombre por su sanación, escribió: Desde Dominicana con Amor de Cristo, y expresó su deseo de abrazarnos, al tiempo que enfatizaba, "Si Cristo está con nosotros entonces quien contra nosotros".

Estando en el Palacio de Miraflores, nos abrazamos con el Presidente Chávez, entre cantos de Alabanzas, Oraciones y Testimonios de los presentes. Cuando para la Gloria de Dios Chávez ordeno que Yo dijera algunas palabras(ya que Leidy Jiménez lo había hecho antes en nombre del Grupo), para contar el testimonio de cómo recibí el Voto que hicimos, mientras me acercaba al pódium desde donde compartiría este poderoso testimonio de fe, me encomendaba a Dios Todopoderoso, y de todo cuanto dije cuando empecé a hablar, exprese: "…que no se sientan en risas ni carcajadas los enemigos de los Pueblos, Dios ha permitido esto porque El (Dios) se va a glorificar en este proceso de sanación suya".

Dios había puesto en mi boca que su sanación sería un proceso, en el cual El (Dios) se iba a glorificar. Como tal ha sido, un proceso duro, difícil, complejo y misterioso, y como tal sucederá, Dios se glorificará finalmente, y nos dará de vuelta a un Hugo Chávez tomado completamente por El, para luz de toda la humanidad. Aquí incluyo en este testimonio la oración que hicimos antes de la realización del VOTO A DIOS POR LA SANACION DE HUGO CHAVEZ, el jueves 18 de agosto 2011. Y el Proceso de Sanación del Comandante Chávez, doy fe, fue completado el 08 de enero del presente año 2013, esto será tema para otro artículo donde pretendo explicarlo todo.

Una oración verdadera recorre avenidas del alma, avanza desde las mismas entrañas de la conciencia universal, revela la fuerza vital existente en el sereno silencio de nuestros seres, nos descubrimos ante ella, adquiere vida en la renuncia, recobra potencia con la entrega.

VOTO DE FE A DIOS POR LA SANCION DE UN HERMANO DE UNA NACION HERMANA

(Oración)

Un designio divino configura la humanidad, se levantan los pueblos y conquistan su libertad, cobran vida las profecías que disipan la oscuridad, nos recuerdan el milenario compromiso que pactamos con la eternidad, es la estirpe iluminada que encarno el verbo creador de una nueva civilización.

Hoy se revelan ante el mundo los arcanos de la Paz, hoy se mueven con sus pueblos los profetas de la antigüedad, hoy se han coronado las naciones con los próceres de la verdad, hoy celebramos el jubileo por el Supremo Estado de la Humanidad.

Caigan nuestras miserias, sea cortada toda opresión, revélese al mundo la supremacía del ser que en verdad somos, arad en nuestras conciencias, preparad a los pueblos, iluminad a las naciones, proclamad al que viene del linaje sagrado del trono del Amor, viene a cumplir promesa de Justicia y Salvación.

Bendito sea el tesoro de nuestro corazón, alabado sea el Supremo Ser que recibe benignamente la ofrenda de nuestra humillación, santos son los que consagran sus vidas en voto eterno hasta alcanzar redención.

¡Que nuestro Voto de Fe Sane a nuestro Hermano Hugo Rafael Chávez Frías! ¡Brazo libertario de nuestra América! ¡Columna de principalía del Nuevo Reino de la Luz!

EL REGALO DE AMOR DE HUGO CHAVEZ

PENSANDO EN UN HERMOSO ENCUENTRO

El pasado domingo 21 de agosto fui uno de los invitados a la Oración Cristiana Ecuménica por la Sanación del Presidente Hugo Chávez, la misma se llevó a cabo en los patios de Miraflores, todo un pueblo reunido alrededor de su líder, alrededor de su Presidente, miembros de distintas denominaciones religiosas se dieron cita en el balcón del pueblo, como así se le denomina, para suplicarle al Cristo Redentor de la Humanidad que sane a su Presidente.

No sé si eso ha pasado antes en alguna otra nación de la tierra, en otra época de la historia, pero que sublime perfume impregnaba el espacio donde al calor de la Fe había inspirado Dios para congregar a su pueblo, no sé si es normal que un ser humano que se encuentra enquistado en la cima más alta del poder de un país, se humilla en presencia de su pueblo, y llama a Jesús como su médico, le entrega su alma, le abre su corazón.

Fuimos recibidos como héroes quienes solo cumplían un mandato de Dios, pero el pueblo de Venezuela agradeció el gesto, lloraba cuando nos veían, nos contaban su testimonio cuando viendo a la joven dominicana Leidy Jiménez entregar su larga cabellera, junto a sus hermanos de Paz Dominicana en un Voto de Fe a Dios por la Sanación del presidente Chávez, quien con lágrimas en sus ojos expresaba, "mis lágrimas no son de dolor sino de gozo por la emoción que siento al poder entregar algo de mí por un hombre tan bueno y solidario como Hugo Chávez".

Y cierto que este Hombre ha cambiado todo el panorama de la región, a partir de Él, América Latina y los Países del Caribe dejaron de ser el patio trasero del Imperio Norte Americano. Emergió su liderazgo en medio de una seria crisis institucional, de valores y de credibilidad de las fuerzas políticas venezolanas. Surgió luego de la masacre propiciada por el gobierno de turno al bravo pueblo venezolano el 27 de febrero del año 1989. Se levantó un movimiento de patriotas venezolanos, militares comprometidos con la historia, dispuestos a sacrificar sus vidas en aras de la justicia y la libertad de su nación amada.

Fracasó la insurgencia militar del Movimiento Revolucionario Bolivariano 200 contra el desgobierno apatrida de ese entonces, del glorioso 04 de febrero del 1992. Fue apresado, y luego tras muchas presiones, y amenazas contra la vida de tantos buenos y verdaderos venezolanos, liberados. Por fin comienza la historia, se avizora la luz de un nuevo mañana, se levanta el brazo libertario de Bolívar.

Avanza la Revolución Bolivariana, se Refunda la nación de Bolívar, empiezan las misiones de amor cristiano, de compromiso social, de lucha anticorrupción. Se recuperan las riquezas de la nación, se ponen al servicio del pueblo oprimido por largo tiempo, comienza el milagro de lo nuevo, de lo bueno, de lo justo, de lo puro.

Levanta su puño justiciero y defensor contra el enemigo poderoso del Norte, resiste todo tipo de presión, todo tipo de difamación, se declara antiimperialista, le toma la antorcha a Fidel, brota del Caribe y desde la misma puerta del Sur, un redentor no solo de Venezuela sino de todo el Hemisferio.

Dios pone su mano en el Hombre, lo cubre con su santo manto, lo lleva por senderos seguros. Se hace fuerte, inspira su obra revolucionaria a otros pueblos, se levantan y conquistan su libertad también. Este hijo bien amado de Dios, despierta a los pueblos con su voz, levanta a las naciones con su amor, ilumina la región con su visión.

Miren ahora, como anduvo cansado, miren ahora cuanto pesaba su cruz, la llevaba con firmeza, pero sus fuerzas no son eternas, le vino otra prueba, esta vez atacó su propia habitación. Desde la intimidad de su templo, nervios, órganos, huesos y músculos, se resistieron, y detuvieron la marcha del campeón.

Le llega otra gloriosa hora de valor, la enfrenta con Fe, esta vez sus armas son la devoción a su Dios, el amor no solo de su pueblo, sino de toda la región. Esta vez recurre al arma de la humillación, en vez de estar de pie se pone de rodillas ante su Dios, el único y verdadero, llora de impotencia, se entrega al misterioso destino que lo entrampa, cae en un laberinto de confusión, mas no sabía, que otra grandeza le preparaba el Señor.

Y estando allí, lo comprendí, al ver al Hombre en su sencillo proceder, con mirada lejana, lleno de vida, Dios lo multiplica, lo reproduce infinito en su propia esencia, era necesario que todo esto le aconteciera, era vital para el cumplimiento de su misión, lecciones nuevas se han aprendido, es el Hombre que se transfigura en Humanidad, que irradia Luz de Cristo, que se levanta aún más fuerte, para continuar venciendo.

Los niños le gritan, "Chávez te amamos", los viejos lo lloran de emoción al verlo, todos se conmueven cuando lo tienen cerca, es la naturaleza del amor, es la fuerza poderosa de un sentimiento que todo lo vence, que todo lo alcanza que todo lo conquista.

Nos llaman a su presencia, nos abraza con emoción, nos dice, "Gracias por vuestro Regalo de Amor". "Amor con amor se paga Presidente", eso le dijimos. Y ahora le digo: ¡Viviremos! ¡Venceremos!

LA ORACION REVOLUCIONARIA Y MILAGROSA DE CHAVEZ

Horizontes nuevos alientan nuestros pasos, aligeran nuestras cargas, fortalecen nuestros espíritus. Miramos ahora desde el corazón portentoso del todo es posible, se apresuran los acontecimientos que marcan nuevos ciclos, se hace divina la vida serpentina, sus torturas cotidianas pulen con aciertos y bellezas la pureza de nuestros sueños realizables.

Hoy sabemos que el milagro es ciencia desconocida, que opera bajos leyes no descubiertas, se hace necesario tomar la intuición como instrumento de medida; donde termina la ciencia conocida comienza la Fe, la misma que siempre responsabilizaba el humilde Maestro de Galilea como la hacedora de hechos milagrosos: "…ve en paz, tu fe te ha sanado".

Un mundo unido en la fe es imposible que sea detenido hacia la realización de sus más elevados propósitos de luz. Cuando nos convencemos de las limitaciones que nos imponen nuestras propias creencias, y echamos abajo esos obsoletos conocimientos que no son más que la consecuencia de una deformación obtenida en una sociedad que nos ha programado en lugar de educado, más que para ser libres para ser esclavos y satisfacer intereses malsanos de unos pocos, alcanzamos pues, las fronteras de lo imposible como perfectamente realizables.

El mundo de hoy, ya no son los religiosos los que nos sorprenden, sino los nuevos científicos de esta era de ensueños tecnológicos y eventos fenoménicos, son quienes se han atrevido a soñar los que nos invitan a prepararnos para vivir en un mundo paradisiaco, de prodigios y ficciones. Ellos nos hablan constantemente de la energía infinita generada a partir de la nada, de los viajes en el tiempo, de la curación por medio a la unicidad de nuestras más sublimes energías.

La oración a Dios nos une a nuestra más pura esencia, nos revela nuestra imagen verdadera, Dios. En ella solo habitamos los que renunciamos a posesiones, y nos entregamos a las riquezas del espíritu, vivimos en plenitud cuando nos liberamos de todas las ataduras, cuando vencemos el miedo y la codicia, en este Reino de la Oración, conocemos dimensiones celestiales del perdón, de redención y gozo perpetuo de nuestras almas.

En esa Oración la humanidad ha sido capaz de transformar su destino, nos transfiguramos en Dioses y entendemos la sentencia bíblica: "...vosotros sois Dioses".

En la Oración tomamos del árbol de la vida su fruto maravilloso de sabiduría y ciencia, nos hacemos santos, apóstoles, profetas y médicos de cuerpo y alma. Con esa Oración hemos logrado una vez más sanar totalmente al Presidente Chávez, y El en esa batalla por la vida nos ha dado la conquista de nuestros seres, nos ha revelado la profundidad de los propósitos que dominan nuestras existencias. Llamados por el Amor de Dios, por el Amor a nuestro prójimo, hemos descubierto la senda de la verdadera felicidad.

Nuestro hemisferio se ha llenado del resplandor mismo de la Gloria del Reino de Dios, las naciones han sido tomadas para dar testimonio de la única verdad, se ha hecho revolucionaria la Oración, cuando se trata de salvar a un líder, un proceso revolucionario, un continente, un planeta, una humanidad. En Chávez se ha esculpido una obra de Fe y Amor para Salvación de los Pueblos y de toda la Humanidad. ¡¡¡Hasta la Vida Siempre!!!

¡GANAREMOS ESTA NUEVA BATALLA COMANDANTE CHAVEZ!

Todos estamos al frente junto a ti, en la primera línea de batalla, todos en tu pueblo estamos pendientes tuyo, y contigo, hombro a hombro, nuestras manos se han extendido desde el misterioso y profundo mundo de lo desconocido, hemos logrado encontrar el portal que nos lleva directamente a ti, y contigo estamos, Dios puso en nuestras manos la llave para atravesarlo, una llave hecha del mismo material del universo unificado: NUESTRO AMOR INFINITO POR TI COMANDANTE CHAVEZ.

Los pueblos todos hermanos de Venezuela, estamos abrazando con fuerza inmaculada la causa de la vida, ya no te permitimos ir solo por esos caminos duros y difíciles a los que nos tienes acostumbrados, esta vez todos junto a ti cargamos la pesada cruz, no eres TU solo, somos todos en ti, a tu suerte, todos fusionados , como así siempre lo quisiste, no lo olvides hermano amigo compañero compatriota hijo PADRE de todos y todas, esa cama que sostiene el sagrado y radiante templo donde vive la grandiosidad de tu ser sin límites, somos tus hijos e hijas, tus hermanos y hermanas, tus amigos y amigas, no solo de este tiempo sino de todos los tiempos.

En cada átomo de esa habitación en la que te encuentras estamos nosotros, todos somos una parte de esa energía materia irradiando los amores creadores de universos, porque si, así es, todo cuanto existe ha sido hecho de esa energía poderosa del amor que a todos nos hace uno solo. Ese aire que respiras somos nosotros, estamos en el prana que inhalas, entramos en tus pulmones y corremos por tu torrente sanguíneo, aun tu mirada no es tuya sola, es la mirada de todos los que junto a ti decidimos hacernos uno para mirar juntos el porvenir de justicia, libertad y felicidad hacia donde inevitablemente nos conduce tu obra de gigante, tu sacrificio no se desvanecerá jamás, TU ya no eres TU, somos todos en ti y TU en todos nosotros, tu pueblo, y los pueblos del continente, alumbrando todos los tiempos, iluminando universos, haciendo el milagro de la resurrección humana.

Hemos atravesado esos portales divinos, el universo no pudo esconder su misterio más sagrado, con la llave del amor inconmensurable que somos se abrieron todos los portones celestiales, rompimos las barreras del tiempo y el espacio, estamos contigo Comandante Chávez, a tu lado, al frente tuyo, arriba de ti y por debajo de ti, en tu corazón y en tu sangre. En el piso que te sostiene, porque somos el piso que lo sostiene todo, los que juntos a ti físicamente ves que están contigo, no son unos cuantos, mira bien Comandante, y veras miles de millones de nosotros, todos somos cuanto te rodean, somos tus médicos, estamos en la medicina que te tomas, somos la cura para todos los males que nos ha tocado enfrentar unidos.

Y te lo digo con absoluta certeza, con una fuerza que va más allá de la fe misma, te lo digo con AUTORIDAD, esta batalla LA GANAREMOS, estoy totalmente convencido, no tengo duda al respecto, el AMOR que nos une a ti, que nos hace uno, nos dará la Victoria, eso nos ordenó el humilde carpintero de galilea, "Un mandamiento nuevo os doy: Que os améis los unos a los otros; como yo os he amado, que también os améis unos a otros". Tú lo has dicho: "Aquí estoy aferrado a mi Cristo".

Triunfará el Amor que nos vino a enseñar Cristo y es Cristo, Comandante ahora cuando te digo, TE AMO, TE AMAMOS, SALDREMOS VICTORIOSOS DE ESTA CON MAS FUERZA QUE NUNCA, te lo digo siendo uno con DIOS y con todos los que te AMAMOS. Nuestras lágrimas ya no serán de tristeza ni de dolor, no serán de angustia y confusión, más bien serán de Gozo, de Felicidad, de Júbilo, saltaremos como becerros en manada poseídos por la Gloria de Dios, de nuestro Cristo, que nos vino a enseñar el único camino para llegar al Padre Celestial: EL AMOR.

Míralos hermano Chávez, los cancilleres de otros planetas comprometidos con la causa eterna del amor, también te visitan; los cancilleres de otros sistemas solares, galaxias, universos y superuniversos, han venido con poderoso ejército a traerte sus amores sagrados, sus fuerzas, Dios ha movido todas sus moradas, ha enviado su avanzada, porque el mismo DIOS, el Supremo, el Altísimo, el Creador de Todas las Cosas, nuestro Padre Verdadero, ha escuchado el clamor de los que te amamos, y está aquí, pronto contigo, para ¡LEVANTARTE!

CHAVEZ AFERRADO A CRISTO

Los hombres que luchan desafiando el mal del mundo, se convierten en ofrenda divina en el altar de los votos justicieros de la historia. La maldad como inclinación perversa, no representa lo natural del ser humano, más bien es el producto de la conspiración de aquellos que han sido atraídos a ella a través del engaño y la mentira sistemática, de quienes igualmente se autoproclaman dueña de la misma. Tiene sus dominios por todos lados, se ha constituido en estado que la representa en un mundo que no termina de verificar sus utopías, que no alcanza la cima pretendida de sus más sublimes ideales de libertad y justicia.

Todo lo pervierte el mal, al extremo de incluso haber sido paridos por el mismo mal, es revolución trascendental la liberación del alma, la liberación de la programación con la que nos han supuestamente educado, yo diría nos han cincelado la mente con gravámenes retorcidos de conceptos, nos niegan la felicidad, nos condenan a la triste realidad de la impotencia.

Hay hombres que nacen pero que en verdad son enviados para dar respuesta a las oraciones de los desvalidos, son los escogidos los señalados los que me atrevo a decir viven vidas fuera del convencionalismo, los arrastran vientos destinistas, lo impulsan fuerzas misteriosas guiando religiosamente sus pasos con el desvelo que se crea una obra maestra, con el cuidado con el que se corta una bella flor de un jardín.

Esos hombres, aunque muchos injustamente quisiéramos pensar que son iguales a los demás, en apariencia lo son, pero no actúan iguales, no son el producto del entorno en el que nacieron, más bien es la fuerza infinita del propósito que llevan dentro la que va abriendo trocha, la que hace trillo en el espeso bosque, señalando un camino nuevo, dejando huellas que otros sin lugar a dudas seguirán.

Por esos caminos de la vida, por esas verdades que aun no entendemos aunque creamos que sí, nos llega la esperanza, la voz que alienta y nos marca para siempre, la fuerza que nos rige y nos ilumina, no llega de la manera esperada, siempre llega por extraños y misteriosos senderos, con formas difíciles de ser comprendidas, lo cierto es que cuando llegan, se experimenta, se hace sentir, es la olla caliente que empieza hervir, que presiona y hasta explota.

Hombres que nacen de la nada, hombres que se explican en la historia, hombres nada ordinarios, siempre sencillos, hombres verdadera y auténticamente humanos, que nos invitan con su ejemplo a la conquista de los sueños, que extienden su brazo bondadoso y sin escatimar sacrificio le arrancan una estrella al cielo, solo para mostrarnos un mundo de nuevas realizaciones.

Acaso no fue Cristo uno de esos, anunciado para la liberación del yugo opresor del enemigo que vive atormentando el espíritu humano, la humanidad confundió su mensaje, institucionalizo su obra inconmensurable, le puso nombre al eterno que se revelo únicamente como el YO SOY.

Hay misterios que se le ve hollar nuestras sienes, que mutilan nuestro entendimiento, fuerzas que golpean tan duro que solo Dios sabe, y que la historia apenas logra registrar mínimamente la profundidad de tan extraña dimensión de la conciencia en la que se mueven.

¿No son misteriosos los hombres y las mujeres transfigurados en símbolos, que transmutan con su verbo realidades? ¿No son extrañas las fuerzas que actúan a través de esos que cuando llegan lo cambian todo, y nos señalan desafíos que antes ni siquiera veíamos?

El evangelio es una buena nueva, es revelación divina, es misterio descubierto, es uno y solo uno, aunque nos cueste alcanzarlo, aunque se vea alta su cima, y nuestro ego la oculte. Cuando se nace para cumplir un propósito divino, no existe fuerza que te impida el cumplimiento del mismo.

Mirad bien , estad atentos, David fue Rey ungido conforme al corazón de Dios, el mismo David que peco una y otra vez, el mismo que venció al pecado con la humillación y la adoración a Dios, el mismo a quien Dios le dio la victoria sobre todos sus enemigos.

Así dice la palabra de Dios: "Pues, ¿busco ahora el favor de los hombres, o el de Dios? ¿O trato de agradar a los hombres? Pues si todavía agradara a los hombres, no sería siervo de Cristo" (Gálatas 1,10).

Los verdaderos discípulos de Cristo los repudia el mundo, los verdaderos apóstoles de Cristo ven en cada alma un hermano, no un enemigo, si no, ¿a qué vino Cristo?, sino a salvarnos de la oscuridad y de los dominios del maligno que se cree dueño de este mundo (pero no por mucho tiempo). Cristo le ha arrebatado almas al enemigo, al autor de la maldad del mundo, aun de su vientre oscuro y pestilente los ha rescatado.

Yo abrace a uno que desde que se de Él, estoy más que convencido que es un elegido de Dios, es un siervo del Señor, y por eso Dios jamás lo ha soltado, y le llegó el momento de que se vea cara a cara con el Señor.

Yo sentí en su alma, infinita bondad, una humanidad que solo la fuente del bien absoluto la puede inspirar, y contrario a lo que muchos falsos profetas han anunciado, para sorpresa de ellos, Dios se va a glorificar en El, lo pondrá aún más alto de lo que esta, y pondrá sus riquezas en su boca, sus tesoros en su corazón, sus dones en sus manos dadoras, y hará prodigios, y díganme si no, pues yo les aseguro que así será, porque Dios nos lo ha dado como respuesta.

Porque Él es uno que nació señalado para ser apóstol de la fuerza infinita que alumbra el amor universal de nuestro Señor el Cristo.

Yo conozco a ese hijo de Dios, ese hermano mayor de los continentes, planetas y galaxias, ese es nuestro Hugo Chávez, el mismo que Cristo ha levantado una vez más y para siempre.

"Porque no tenemos lucha contra sangre y carne, sino contra principados, contra potestades, contra los gobernadores de las tinieblas de este siglo, contra huestes espirituales de maldad en las regiones celestes" (Efesios, 6,12).

SOCIALISMO DEL SIGLO XXI: DEMOCRACIA PROTAGONICA Y HUMANISTA

Nuestro sufriente, castigado y saqueado continente vio brotar con inmensa felicidad del mismísimo vientre bolivariano el nacimiento de un nuevo proceso revolucionario: La Revolución Bolivariana de Venezuela. Alcanzo una de sus cimas esplendorosas el seis de diciembre del 1998, cuando el líder de la Rebelión Cívico Militar del 04 de febrero del 1992 contra el Gobierno Adeco y Neoliberal de Carlos Andrés Pérez, el Teniente Coronel Hugo Chávez fue favorecido con el sufragio mayoritario del pueblo venezolano para ocupar la primera magistratura del Estado, en unas elecciones que marcaron el inicio de una nueva época no solo para Venezuela sino para todo el continente.

Inmediatamente juro su mandato sobre una constitución la cual califico de moribunda, cumplió con su principal propuesta, darle a la Venezuela de entonces un nuevo marco jurídico que creara las bases para enrumbarla hacia una nueva visión de Estado soberano, independiente y antiimperialista. Por las vías institucionales al amparo de las formas constitucionales vigentes se armo la constituyente que pario pacíficamente la nueva constitución que haría de esa Venezuela la ahora Republica Bolivariana de Venezuela. El Pueblo de Venezuela constituido en Poder Constituyente refrendo la nueva constitución con casi un 80% de los votos emitidos.

La nueva Republica empezaba un nuevo capítulo en la construcción de una democracia que le diera poder al pueblo en las grandes decisiones de la nación, el pueblo por primera vez y en el marco de una verdadera democracia, se empezó a sentir protagonista de la historia, y cerro un ciclo fatal de falsa democracia, imperialista, entreguista, elitista, neoliberal y criminal. Una poderosa corriente de ideas emanadas de distintas fuentes empezaron a darle forma a la nueva experiencia; sangre nueva empezó a correr por el tejido venoso de una sociedad que estuvo atrapada en la ignorancia y la exclusión por más de cuatro décadas.

El mismo Noam Chomsky destacado intelectual estadounidense de corte antiimperialista y anticapitalista, quien ha sostenido en sus análisis que en el antiguo bloque soviético no existió socialismo sino contra socialismo, ha calificado el proceso bolivariano que lidera Hugo Chávez, como la formulación de otro mundo posible.

A mi humilde entender, Chávez y la Revolución Bolivariana con el Socialismo del Siglo XXI, están proponiendo a los pueblos del mundo una sociedad humanista, anticapitalista, antiimperialista, multipolar, defensora de la especie humana y la biodiversidad del planeta tierra, nuestra única casa.

CHAVEZ: EL MILAGRO QUE PEDIMOS

Hombre llano, de voz taumaturga, y aura resplandeciente, que nos ha traído fuerza y valor, ha puesto el timón de la historia en nuestras manos, su espada libertaria salió de su coraje y amor patrio, brazo fuerte de los tiempos, conduciendo procesos y librando batallas victoriosas, transformó la diplomacia, le dio oficio de bien a las cumbres de líderes perdidas en suites de lujos, banquetes y apologías personalistas.

Sinceró la política, nos enseñó el arte de gobernar gobernando de cara al pueblo, convirtió los abrazos entre sus iguales en hermandad de pueblos enteros, paso de la pose a la expresión espontanea de sentimientos cargados de sueños e ideales. Sufrió las invasiones imperiales a naciones hermanas como la suya propia, los pueblos sin redentores lo empezaron a sentir como suyo, como su propio salvador.

Se autocritica junto a su obra, rectifica cuantas veces lo ha creído necesario, es el amigo franco y leal, el que no falla aunque le fallen, el que perdona aun la traición más descarnada, aunque llamea con su verbo redentor, conquista continentes con su infantil sonrisa. Él es quien Es: El Hombre. Es su afán consagrarlo todo, darlo todo, hasta su último suspiro, consumirse para renacer entre los grandes sin que sea esta su intención.

Que sería de nuestras áridas tierras sin Chávez, donde descansarían los pueblos vilipendiados, son producto de la historia buena, de mártires y próceres, quienes como Él lo trascienden todo. Es una fuerza que lo sobrepasa lo que lo define, es un poder que lo domina y lo dirige, fuerza de infinito Amor, desde otras dimensiones se nos revela, se desprendió del tiempo y los espacios lejanos, a cumplir ha venido fin supremo, supra conciencia que brota del supra ser.

Todos pedimos un Milagro, me ha dicho Dios, Él es un Milagro, se los envié para que crean, para que tenga Fe, para que se unan como hermanos, para que sean felices y se amen unos a otros como Yo los ame. Él va adelante preparando el camino.

Es imposible la muerte cuando se ha vivido realmente, no existe final para quienes encarnan los ideales eternos y las causas infinitas. Hoy es la vida la que celebramos, hoy nos regocijamos de los frutos del bien absoluto, hoy somos más humanos, gracias a Él, más justos, gracias a Él, más dignos, gracias a Él, más libres, gracias a Él.

Me lo ha dicho Dios, son los como Él, la estirpe iluminada que he mandado a la tierra para recoger la siembra de mis antiguos profetas y libertadores. Mis Apóstoles que siguen junto a ustedes, aunque no los reconozcan. Así no reconocieron a Elías. Soy Dios vivo, siempre vivo, entre ustedes, amados míos, siempre y eternamente estoy.

Mirad los nuevos cielos y las nuevas tierras que os he prometido.

¡Viva La Patria Grande!

CHAVEZ Y LA CRISTIFICACION DE LA PATRIA GRANDE

Las nuevas batallas a las que nos vamos enfrentando continuamente apuntalan la revolución en busca de las convicciones y certezas que nos conecten con el sentir de nuestros pueblos. Chávez lucha contra una terrible enfermedad, es un gladiador de la vida, se enfrenta con persistencia a este mal, pareciera que es una de esas batallas solitarias, donde lo que nos resta es esperar el desenlace sin cosechar lección alguna de crecimiento y rectificación.

Pero no, si algo ha sucedido en esta ocasión es que los pueblos se han levantado, están sumados en las calles, templos, iglesias y rituales diversos, dando la batalla junto a su líder. Un nuevo componente ha resaltado, no es que se ha introducido ahora en la Revolución, más bien se destaca ahora con papel de relevancia junto al compromiso de seguirle cumpliendo al pueblo en sus innúmeras necesidades, este componente es la Fe en Dios, poder que se expresa en las dimensiones celestiales del corazón, que brota de los corazones amadores como el arma principal del pueblo para librar esta dura y difícil batalla por la vida junto al Chávez que el pueblo afirma se afianza en su alma buena, diciendo Chávez Somos Todos, Yo Soy Chávez.

La Fe guarda un increíble silencio cuando se evalúan los triunfos revolucionarios, es modesta y tímida al momento de recibir galardones, no se anda exhibiendo en las mentes de brillantes intelectuales, ni siquiera aparece en primer plano cuando de responsables de éxitos y victorias hablamos, se esconde detrás de la fuerza del Amor, no le gusta el ropaje ideológico ni las múltiples teorías revolucionarias, más bien se comporta como buen soldado que sabe cumplir las órdenes exactas en el tiempo exacto, haciendo lo que corresponde cuando sea necesario, y asumiendo roles de liderazgos cuando se han agotado las ideas que nos den nuevos impulsos para seguir batallando.

Chávez un líder nato y Padre del Socialismo del siglo XXI, de dimensiones planetarias y alcance universal, hombre pueblerino, conectado al espíritu mismo del pueblo que lo ama, en esta etapa de lucha por la vida se ha apartado de la ideología para mirarnos desde otras esferas de la supra conciencia donde lo está dando todo para seguir venciendo, exhibe armadura nueva de cilicio, y desde la profunda dimensión de su ser, junto a su pueblo, como un líder verdadero, recibe todas las emanaciones de fuerzas y amor que le son entregadas a través de la oración sentida y auténticamente solidaria de sus hermanos en Cristo, Bolívar y Zamora, que en vez de malgastar su precioso tiempo en discusiones inútiles, lo aprovechan haciendo lo oportuno y correcto.

Una sola Oración de Fe desprendida del alma de uno de los muchos que le adoran hace más que todas las discusiones teóricas que se ventilan a diario en los corrillos mediáticos. La Oración del pueblo manda órdenes y sentencias, Chávez como buen soldado de la Revolución las acata con valentía espartana, y su pueblo le ordena: ¡Levante Comandante! Cual Cristo transfigurado en muchedumbres de seres humanos haciendo el milagro de su curación total. ¡Los Pueblos multiplicados en muchos Cristos lo Sanan! ¡Es la Cristificación de la Patria Grande!

Esta Revolución tendrá que extender sus brazos a esa hermosa Fe en Dios que es vida medular, pura y santa en el seno del pueblo, poder verdadero que siempre lo ha sostenido y acompañado en sus luchas. Tiene que dejar la timidez, esa Fe infinita inspirada en el más grande amor que solo Dios concede, y pasar a primera fila, para dictar las nuevas luces a la Revolución que se construye con entrega, consagración y sacrificio, que nos enseñe las virtudes y decoros de las que adolecen muchos que aún no terminan de afirmar sus pasos y vidas a la integridad espiritual, moral y ética que exige una Revolución Histórica y Trascendental como la Bolivariana.

Esa poderosa Fe, no es posible explicarla y crear a partir de ella cuerpos ideológicos fríos e inútiles, ha de ser vivida en sentimientos profundos de amor universal. La Fe solo se viste de sabiduría, de conciencia y de profunda humanidad. Chávez es líder por la conexión de Amor con su Pueblo y los Pueblos del Mundo, sin esa unidad inquebrantable la Revolución no existiría. Nuestros pueblos siempre han estado claro en la senda a transitar, solo la Fe en Dios, solo Dios fuerza viva y no explicada en ninguna religión más que en el altar sagrado del Hombre y la Mujer, es poseedor y autor de la gracia para construir una Revolución verdadera y eterna: LA REVOLUCION DEL AMOR.

Chávez no ama a su Pueblo y a los Pueblos del Mundo, Dios Ama su Pueblo y a los Pueblos del Mundo a través de Chávez.

¡Por Dios y la Espada de Hugo Chávez!

¡Seguiremos Venciendo!

¡Viva Hugo Chávez!

CHAVEZ SOLO DUERME ¡Y RESUCITARA!

Dios se manifiesta siempre de formas inexplicables, nos muestra su Reino de Luz transmutando las leyes de la naturaleza, nos envía por senderos desconocidos constituidos en proclama universal de perfección, para solo hacerse presente en nuestra Fe. Desde que se empezó a hurgar la materia, la humanidad no sale de su asombrosa expresión de incógnita y misterio, el conocimiento corre desbordado entre las almas de pensamiento preclaro, nos lleva sin titubeos hacia nuevas conquistas, puesto que no hay mayor revolución que la verdad al desnudo, sin ropajes de conceptos, ni estridentes vestimentas ideológicas.

Mientras no comprendamos las nuevas cadenas que nos reducen a la miserable esclavitud de estos tiempos, continuaremos como zombis reproduciendo modelos sociales creados alevosamente para minar las fuerzas del ser que somos. Se nos piensa, somos seres pensados, desde esa industria creativa caracterizada por la maldad y la más despiadada perversidad, han levantado las más horrorosas cárceles usando como cimiento nuestras neuronas.

La existencia humana es simulación descarada de unos pocos demonios que desde milenios rigen nuestra raza como si fuéramos ratones de laboratorios. Fuerzas disfrazadas de causas nobles orientan el rumbo de las naciones, se hace casi impensable que nos podamos liberar, puesto que no siempre conocemos la fuerza real que nos oprime y nos degrada.

Si queremos ser libres de verdad, necesario es abandonar los centros de programación que fabrican seres autómatas, pensados mas no pensantes, enjaulados en la más diminutas cárceles nunca antes vista, nuestras propias neuronas. Decirle NO a todo lo que ha sido bien planificado, bien estructurado, bien diseñado, para que jamás seamos quienes en verdad estamos llamados a ser.

Surgen fuerzas que se comportan como virus, y amenaza todo un sistema de programación, fuerzas tan poderosas que son capaces de quebrar las prisiones de nuestras sienes, libertadores que avanzan con sus ejércitos y penetran a nuestras diminutas neuronas. Nos dan libertad verdadera, destruyen la programación tavistock, kabalistica y luciferiana presente en todas nuestras culturas.

"Oyéndolos Jesús, dijo: Esta enfermedad no es para muerte, sino para la gloria de Dios, para que el Hijo de Dios sea glorificado por ella." Evangelio de Juan 11, 4.

"Jesús le dijo: ¿No te he dicho que si crees, veras la gloria de Dios?" Evangelio San Juan 11, 40.

Mirad bien, estén atentos, Chávez no ha muerto solo duerme. ¡Y resucitara!

No es en vano, quienes se han aferrado al poder del único y verdadero Dios.

El Inmenso Vacío Que Nos Deja Hugo Chávez (1 de 3)

Durante toda su vida al frente de los destinos del Bravo Pueblo el Comandante no tuvo descanso, se dio por entero, lo consagro todo, hasta llegar a los extremos, su frágil cuerpo no pudo más con la fuerza huracanada con la que el mismo definió el poderoso espíritu insuflado a su ser. Se veía venir desde el madrugaso del 04 de febrero del 1992, cuando actuando como líder de un movimiento militar intento sacar del poder gobernante en la Venezuela de esos años al nefasto Presidente Carlos Andrés Pérez, no lo logro, la Rebelión Cívico Militar fue frustrada. Le esperaron días inciertos.

En la cárcel de Yare, su indomable espíritu retomo fuerzas, el fracaso militar del golpe de estado se convirtió en un triunfo político, los ojos de los desesperados, marginados y empobrecidos por las elites corrompidas que habían gobernado el país, se enfocaron en la llamarada de su verbo redentor.

Una amnistía dada por el Presidente Rafael Caldera en 1994 lo puso en libertad. El pueblo alborozado lo recibió; ya Chávez era una fuerza en crecimiento, encarno el bravío espíritu del pueblo, organizo sus energías que brotaban en demasía y las entrego para darle vida a los sueños de los pobres y olvidados de su país.

Era tal el desastre de los partidos del sistema, que Chávez con su llamarada los venció a todos en diciembre del 1998, la democracia se salvó con su triunfo, una nueva era comenzaba para Venezuela. Las leyes de la historia una vez más se impusieron, Chávez fue producto de las contradicciones de la época que lo vio nacer, cuando se habían agotado todas las utopías, surgió de las tierras natalicias del Libertador Bolívar, otro Libertador.

"Juro sobre esta constitución moribunda…", así lo decreto cuando se investía como mandatario de todos los venezolanos a principio del 1999. Su principal propuesta de campaña fue siempre la conformación de la constituyente, un nuevo marco legal que le otorgara más poder al pueblo. Lo cumplió, refundo la nación, y nació la República Bolivariana de Venezuela, Bolívar se puso al frente.

Chávez gobernó como un sol, sus rayos alumbraron el Continente, su calor quemo a los impuros y desafió a los imperios, ante la claridad de su luz despertaron los pueblos, surgieron nuevos liderazgos en el hemisferio, con Él nos dimos cuenta que si es posible un mundo de justicia y dignidad, de unidad y libertad, de felicidad y paz.

El Inmenso Vacío Que Nos Deja Hugo Chávez (2 de 3)

Un corazón lleno del infinito amor a la Patria se puso al frente de su pueblo, poderosos movimientos telúricos precipitaron las estructuras ya obsoletas del aparato del Estado, con decisión, voluntad y entrega absoluta se empezó a conjugar los preceptos luminosos de la nueva constitución que emergía del liderazgo carismático y huracanado de Hugo Chávez. Ya no eran letras muertas manejada al antojo de intereses espurios el conjunto de articulados que revelaban el nuevo rostro de la Venezuela Bolivariana, cada letra de la nueva constitución irradiaba toda la fuerza vital necesaria para dar comienzo a una de las obras revolucionarias y redentoras de mayor trascendencia de toda la región latinoamericana y caribeña en doscientos años de historia.

La emergente misión establecía como eje fundamental recuperar la soberanía de la nación y reafirmar la independencia de la Patria de Miranda, Bolívar y Zamora. Toda la vasta riqueza nacional tenía que ser arrancada de las pocas manos oligarcas y extranjeras que la habían usufructuado en perjuicio de las grandes mayorías del pueblo venezolano. La miseria espantosa e indigna cubrían a las mayorías que siempre fueron excluidas y olvidadas totalmente de la renta del Petróleo Venezolano.

Solo un gigante podría reconocer a otro gigante aun en su etapa naciente, un Samuel iluminado por el poder de Dios viendo al niño David transformado en Rey para su pueblo a través de los años. La estrella de Martí no podía estar ausente en el proceso de construcción de un nuevo ensayo revolucionario para nuestros tiempos, el Comandante Eterno de la Sierra Maestra y Patriarca de las nuevas independencias del Continente, oriento el fuego de su mirada profética sobre el hombre que se erigiría como nuevo Libertador del nuevo siglo. Ya no era el Apóstol José Martí a los pies de una estatua a la que fue con prisa a cubrirse al amparo de su grandeza paterna. Ahora eran los dos gigantes resucitados en milagrosa coincidencia cósmica tejiendo un destino de libertad, justicia y paz para toda nuestra América.

Sobrellevando la pesada cruz del sufrimiento ajeno, ambos gigantes obraron el prodigioso despertar de los pueblos, se volvieron a escuchar el rechinar de los caballos cabalgados por los próceres que tantas victorias cosecharon y tantas épicas batallas nos legaron en la construcción del bien y la felicidad de toda nuestra hermosa gente. Cuando se unen las manos de los libertadores, cuando se conjugan los universos con sus soles de amor y esperanza, brotan de nuestros suelos las mieles de sus almas destiladas en sus pieles endurecidas por el afán de las batallas, como aceite sagrado son ungidos los pueblos con el sudor de la faena de estos hombres que son bendición y amor para todas las naciones.

Vimos al hijo crecer bajo la ternura del amor del Padre de las nuevas independencias de nuestra América, la estrella de Martí iluminando desde nuevas dimensiones y altozanos, desde la gloriosa Sierra Maestra, desde el nombre que se hizo hombre, y consagra todo cuanto revela, Fidel el fiel y leal a la causa mesiánica que la historia le asigno iluminar. Saludaron con solemne pasión la hora preñada de historia, fue posible para ellos vencer, nunca han sido vencidos, sobrepasaron dificultades duras y complejas. El hombre nuevo encarno con boina roja y corazón de pueblo, le dio la espalda a todo lo malo, enfrento todos los dogmas ideológicos y sistémicos, siendo capaz de producir nuevos oleajes de pensamientos e ideas que iban ganando alturas al ritmo de los desafíos y de los tiempos.

La tierra herida de nuestra América veía brotar de sus entrañas al Amor hecho Naciones hermanadas en el influjo del corazón gigantesco del Comandante Chávez, bajo la egida de su brazo libertario ha sido posible vislumbrar un mundo nuevo. Su presencia inmarcesible lo cubrió todo, su ausencia ahora nos revela el profundo hueco de nuestras almas. ¿Cómo lo llenaremos?

El Inmenso Vacío Que Nos Deja Hugo Chávez (3 de 3)

¿Cómo llenar el vacío inmenso que nos deja Hugo Chávez? Que nuestras lágrimas se transformen en ríos de aguas vivas que llenen de vitalidad y limpieza toda la Patria por la que vivió hasta consumirse nuestro Comandante. Chávez bombea nuestra sangre y la hace circular por nuestras venas, irriga nuestro cerebro y nos aporta vida plena. Bien tengo a decir que Chávez murió para darle vida a la Patria, se consumió para construir un futuro hermoso para el pueblo, entrego su último aliento para separar las aguas de un mar de injusticias y conducir al pueblo que tanto amo hacia un estadio de conciencia nuevo, donde las mieles de la felicidad, el amor y la dignidad vistan la nación del Libertador Bolívar.

Un vacío que nos dejó lleno, alguien por aquí escribió, un vacío que nos trazó una nueva batalla, un vacío que nos puso al desnudo. Ahora como nunca, se está debatiendo el futuro de la humanidad misma, ahora los enemigos de siempre de la humanidad quieren destruir lo que tanto esfuerzo a costado, dolor ha sido el precio que se ha tenido que pagar, para cosechar la justicia que hoy se construye, una justicia real, autentica. ¡Qué gran batalla está librando la Revolución Bolivariana! ¡Recordad a nuestros héroes, a nuestros próceres! ¡Ellos también tuvieron sus luchas, sus batallas!

Chávez lo dijo una y otra vez, en la batalla del 7 de octubre se está jugando el futuro de la humanidad. Lo dijo, lo recuerdo, y así lo sentimos todos los hombres y mujeres de buena voluntad en el mundo entero, todos los pueblos despiertos y en proceso de despertar, tenemos que saber con claridad, debemos comprender a plena conciencia, que el escenario electoral del próximo 14 de abril, la plutocracia mundial plantea una situación de golpe contundente contra las luchas continentales de nuestros pueblos. No nos quieren dejar ser, nos quieres volver a dominar, no quieren que siga la voz de Dios avivando la llama de la redención humana a través de sus nuevos profetas.

Este vacío que nos deja Chávez, no es para ponerse a llorar, no es para ir únicamente a rezar y orar, este inmenso vacío plantea LA LUCHA MAS GRANDE QUE TENDREMOS QUE ENFRENTAR EN TODO ESTE TIEMPO DE REVOLUCION BOLIVARIANA, se está jugando no solo el porvenir de la Patria de Bolívar, Zamora y Chávez, nos estamos jugando la continuación y profundización de la Revolución Bolivariana, del Socialismo del Siglo XXI. El Socialismo liberador de Chávez.

El Comandante Chávez lo dijo tantas veces, por eso nunca le dio descanso a su alma, estamos luchando para que la humanidad siga viviendo, para preservar la raza humana, la vida en el planeta, la dignidad de nuestros pueblos, la verdadera libertad de todo un continente, aun amenazado, en muchos casos esclavizado por un sistema brutal deshumanizante, corrompedor hasta lo más, degradante, infernal, luciferiano, envenenador de alimentos, aniquilador eugenista de la raza humana.

Estábamos bien con Chávez, Él era el valiente eterno que nos defendía de todos los abusos continentales, que salía al frente a dar la pelea para hacer respetar la buena honra de nuestros próceres y pueblos. El (Chávez) estuvo como buen guardián, vigilando nuestra pequeña y grande aldea (La Patria Grande) para arrebatar a los oportunistas, traidores y escorias del Capitalismo Salvaje y Reptil los tesoros hurtados, saqueados y dilapidados de nuestras naciones.

Nos dejó un vacío Chávez que no es para estar tranquilos, porque ahora nos toca a todos nosotros levantarnos, recibir la fuerza de su legado de vida cual espíritu santo recibido por los apóstoles cuando luego de la resurrección de Cristo, este descendió para darle poder y autoridad a los apóstoles para llevar el Evangelio de las Buenas Nuevas por toda la tierra, y así sucedió, y así sucederá ahora con los apóstoles del Socialismo Cristiano de Hugo Chávez. Este vacío que rete nuestras perezas, nuestras blandenguerías, nuestras flaquezas y nuestras vanidades.

Este inmenso vacío que nos deja Hugo Chávez nos conduce a la inevitable confrontación con los enemigos históricos de nuestros pueblos ante la posibilidad de cualquier agresión por parte de estos. Necesario es radicalizar aún más nuestros pensamientos redentoristas, profundizar el socialismo y llenar de contenidos más detallados el plan de la patria, testamento de Chávez para todos. Esta no es una Revolución falsa, vacía, superflua, es Revolución verdadera nacida del dolor de más de 500 años de abusos y maldades contra los pueblos pobres de Nuevo Mundo.

Chávez no dejo un sucesor, dejo un Comandante al mando, dejo una tropa unida a Él, dejo a un pueblo protagonista armado de valor, ideas y fe, siempre al frente de todos los cambios que se han dado en estos 14 años de intensa lucha revolucionaria. ¡CHAVEZ NOS DEJA UN VACIO QUE NOS DESAFIA! De todos los auténticos revolucionarios depende si este vacío que nos dejó el Comandante será colmado cual lluvia torrencial de su ejemplo sin igual en la historia del zarzal que arde sin consumirse, si su legado nos impulsara a continuar batallando por las causas justas de la humanidad, si será posible aniquilar a los demonios, príncipes y gobernantes de las tinieblas que nos intentan arrancar nuestra alma humana hecha a semejanza del Dios Vivo, pues no habrá quien o que se pueda interponer a nuestros firmes y poderosos pasos.

Una sola es la tarea planteada: Defender la Revolución cuéstenos lo que nos cueste, pues Chávez así lo dijo, y ahora cobra más fuerza y énfasis su frase, ¡NOS JUGAMOS EL FUTURO DE LA HUMANIDAD!

Asegurar a Nicolás Maduro en la Presidencia de la República Bolivariana de Venezuela, es asegurar la Patria, es garantizar la supervivencia de la Humanidad. Es continuar la lucha revolucionaria en los Continentes, es garantizar la justicia social y defender el legado de Hugo Chávez, el Libertador del Siglo XXI.

El vacío que nos deja nuestro hermano, amigo, padre, hijo, abuelo, nieto, compañero, compatriota, camarada, Hugo Chávez, solo es posible llenarlo cumpliendo su última ordenanza: HACER A NICOLAS MADURO PRESIDENTE DE LA REPUBLIC A BOLIVARIANA DE VENEZUELA. Y a los pueblos hermanos, a los hombres de buena voluntad de esta tierra, a todos los que sí creemos en un Dios verdadero que se viste de tantas formas y anda por tantas culturas, orar, acompañar, fusionarnos en uno solo para enviarle fuerzas vivas al Bravo Pueblo de Venezuela hacia la Victoria Perfecta que libra una vez más por la Paz y la Supervivencia de toda la Humanidad.

¡A llenar ese vacío que nos dejó Hugo Chávez con más de Diez Millones de votos a favor de Nicolás Maduro! ¡Para que siga brillando el Socialismo del Siglo XXI! ¡El Socialismo de Cristo! Que sin lugar a dudas creara el Reino de Dios en la Tierra. Y así aprendan a respetar a los hijos de

Cristo, de Bolívar, de Zamora, de Martí, de Duarte, de San Martin, de Sucre, de Félix Ribas, de Allende, del Che Guevara,…

¡Hasta la Victoria Siempre!

¡Viva Hugo Chávez!

¡Viva el Presidente Nicolás Maduro!

¡A CHAVEZ LO ASESINARON PORQUE DESPERTO!

Desenmascarando a los verdaderos responsables de la tragedia humana

La humanidad gradual y sostenidamente está en un proceso de despertar acelerado, los pueblos poco a poco empiezan a liberarse de cadenas milenarias de falsedades, nos han ido modelando una historia de ficción y nos la venden como verdad, mientras que la verdad la estigmatizan de ficción y cuando esta es atentatoria a intereses poderosos la encasillan como teoría de conspiración.

Las rupturas con los condicionamientos más elementales resultan de alto impacto para la comprensión de los eventos humanos, por ejemplo, nos venden ideas libertarias, transformaciones sociales, pero sigue siendo un enigma el sistema financiero esclavizante que mantiene a los pueblos dependientes de los que controlan el flujo de divisas en el mundo. En nuestras escuelas y universidades mantienen bien resguardados y fuera del análisis las investigaciones serias concernientes al tema financiero.

El problema en el medio oriente, es tan complejo que necesitamos de especialistas debidamente formados para estos temas, sin ellos fuera imposible comprender tan compleja problemática. Tamaña mentira, los propagandistas mal intencionados proyectan un problema complejo, cuando en realidad todo es muy simple. Se trata de una invasión descarada de supuestos judíos de la Europa oriental que no lo son, dado que los verdaderos herederos y propietarios de esos territorios son quienes ahora están siendo despojados de ese derecho con la mayor de las vilezas, pillaje y barbarie pocas veces vista en la historia humana.

Las Naciones Unidas, ¿hemos ahondado en sus orígenes, quienes fueron los responsables del proyecto de las naciones unidas, que tuvo un precedente importante que fracaso porque aun hervía en el pecho de los pueblos el profundo sentimiento patriótico como para permitir que un organismo transnacional se convirtiera en la máxima autoridad para todas las naciones del mundo?¿Acaso saben los revolucionarios de ahora el peso que ha tenido el clan Rockefeller en el diseño del mapa mundial y la siniestra agenda para la que están trabajando sin descanso?¿Saben los revolucionarios sobre el Consejo de Relaciones Exteriores, cuya piedra fundacional fue colocada por la familia Rockefeller y conmilitones, con el fin de apropiarse de los Estados Unidos de América? ¿Sabe el revolucionario de ahora que esta familia que domina y gobierna desde las sombras junto a otras familias europeas mantuvo excelentes relaciones con la URSS, la China de Mao, incluso con la misma Revolución Cubana ha mantenido excelentes relaciones?

¿Cuantas veces nos enteramos que David Rockefeller pasaba sus vacaciones en la Rusia Soviética? Y esto no despertó ningún tipo de curiosidad, que un hombre dedicado a las finanzas globales, supuestamente un alto representante del capitalismo salvaje, estuviera pasando sus vacaciones con los enemigos del capitalismo y la civilización. Pero lo que sucede que esta gente domina todos los medios de comunicación masivos, controlan los medios, la gente solo recibe las informaciones que ellos aprueban, y por supuesto bien manipuladas.

De todo esto hay mucha tela por donde cortar, es muy breve el espacio para vaciar tanta información reveladora, que los mismos medios controlados la etiquetan de "Teoría de Conspiración", pero la verdad se va abriendo paso, y las cosas están cambiando, la humanidad que se prepare para el "Shock Mental" que se avecina, porque aquí estamos quienes poseemos la fuerza y la poderosa energía para desprogramar toda la falsedad de la mente colectiva y despertar el ser real que somos. A eso le tienen pavor, y peor aún, no nos pueden tocar, y lo saben, quedarían pulverizados en un instante por nuestras fuerzas. Tendrán que negociar con nosotros su partida pacifica a otros lugares del universo, o serán aniquilados.

¿Saben los Revolucionarios lo que es el Aspartamo? Recuerdo a Hugo Chávez ordenando pasar documentales por Venezolana de Televisión sobre este toxico edulcorante al que investigaciones muy serias, responsables y valientes le atribuyen una gran gama de las enfermedades que actualmente padecemos.

Los revolucionarios de ahora deberíamos saber lo que es la eugenesia, para entender las razones por la que esta gente siniestra que gobierna desde las sombras está programando a la humanidad para la reducir su población con los métodos más despiadados y sigilosos que uno tan siquiera se pudiera imaginar. La mayoría de los alimentos que consumimos están envenenados, y no lo sabemos, ¿y cómo los revolucionarios no hablan de eso?

Chávez una fuente de energía infinita, conectado con su pueblo, en una ocasión luego de ganar las elecciones del 7 de octubre del año 2012, con un mini gabinete acompañándole, hablándole al pueblo venezolano, le pidió perdón al pueblo venezolano. Yo lo recuerdo, supuestamente porque una heladería me parece que la copelia, que habían inaugurado, estaba parada su producción. Bueno el pidió perdón por tantas cosas que El sabia, aprovecho esa ocasión para hacerlo, se sentía responsable de muchos errores que se habían cometido, y me parece que en ese escenario creo la misión eficiencia o nada, en los días finales de su vida era tanto lo que quería corregir, más que hacer rectificar.

Chávez si analizamos los meses finales de su vida, que la vivió recorriendo Venezuela y en campaña por la salvación de la humanidad, siempre hablaba de su Cristo Redentor, al que se aferraba, no tanto por su enfermedad física, sino por su despertar de conciencia. Recuerdo esos discursos cuando decía, "hemos cometido errores, pero aun este sigue siendo el camino irrenunciable para asegurar la Patria". Él sabía que El mismo ya despierto representaba ese camino nuevo, de nueva revolución, de nuevos despertares que asegurarían la paz y la felicidad de las generaciones por venir. No es tan fácil ver un líder de su estatura y de tan poderosa influencia despertando a la verdad, eso estremeció los cimientos del infierno que gobierna el planeta.

Los usureros internacionales, los Rotchild, J P Morgan, Rockefeller, y otros, son los dueños del FMI, BM, CFR, IRE, COMISION TRILATERAL, CLUB DE ROMA, COMUNIDAD ECONOMICA EUROPEA, OEA, ONU, OTAN, CLUB BILDENBERG,ETC. Dominan los medios de comunicación, las universidades, la autoridad arqueológica, son los amos de todos las estructuras de inteligencia del mundo, tienen infiltradas todas las religiones ¿Saben los revolucionarios esto?

¿Quiénes son los impostores sionistas que se venden como judíos, y no lo son? ¿Quiénes son los arios provenientes de las montañas del Cáucaso? ¿Qué fue el proyecto MK ULTRA, por el que el mismo Presidente Bill Clinton se vio obligado a pedir perdón?

Ha llegado el tiempo de despertar, Chávez despertó y eso le costó la vida, dio la vida por la Nueva Revolución, ahora nos toca a nosotros hacerlo, no tengamos más miedo, somos dueños de nosotros mismos, la hora estelar que vive la humanidad es la del despertar de nuestras conciencias, para desafiar toda esa fuerza infernal que siempre nos ha dominado.

Ha llegado la hora de la Revolución de la Verdad, de la Revolución de la Conciencia de lo que en verdad somos. Lo digo aquí, es mucho el daño que se le hace a la humanidad intentando ocultar las contradicciones para evitar el debilitamiento de las Supuestas Luchas Revolucionarias, progresivamente se van minando las bases de un sueño, de un proyecto redencionista, es necesario asumir la mea culpa, al fin y al cabo ¿Quién ha estado despierto toda la vida?

El despertar de la Humanidad nada ni nadie lo parara. ¡Los Desafío!

¡Chávez Vive!

CHAVEZ ABRIO SUS OJOS ¡CRISTO AYUDAME A NO ODIARLOS!

El humilde carpintero de Galilea nos dijo: "Ninguno puede servir a dos señores; porque aborrecerá al uno y amara al otro, o estimara al uno y menospreciara al otro. No podéis servir a Dios y a las riquezas (Evangelio Mateo 6, 24). Un Revolucionario cuando es verdadero no puede vivir en la vanidad y de la acumulación de la riqueza. Estos son flagelos del sistema capitalista que domina perversamente a la humanidad como una bestia destructora.

Cuantos falsos revolucionarios andan viviendo de la revolución a costa solo de la imagen, pero son los más descarados capitalistas, desde sus calcetines hasta los productos que viven usando para el cuidado de la piel, las uñas y sus pelos. Desde las costosas vestimentas que usan, hasta las prendas carísimas que exhiben, mientras hablan al pueblo de sacrificios ellos viven como reyes, príncipes y nobles.

Recuerdo a Chávez en el primer consejo de gobierno luego de su triunfo electoral del 7 de octubre del año pasado, increparles a sus ministros que vivan en los caseríos junto al pueblo, que si El pudiera lo haría, pero Él decía que no podía. Cada vez que veo un supuesto revolucionario con una piel rojiza de tanto aire acondicionado, de la poca exposición al ambiente natural, tan diferente a la piel del pueblo que es el que si tiene la pesada carga del sufrimiento y del dolor constante, me llena de rabia. Cuando se es verdadero en lo que se predica no hay diferencias entre lo que se dice y lo que hacemos.

Jesús nos dijo: "Vosotros sois la sal de la tierra; pero si la sal se desvaneciere, ¿con que será salada? No sirve más para nada, sino para ser echada fuera y hollada por los hombres (Mateo 5, 13). Que nuestras vidas se conviertan en cátedras revolucionarias, que sean para inspirar a los demás, que sean el motor que nos den el impulso para producir los cambios necesarios; el principal enemigo de un revolucionario es la vanidad. Necesario es despojarse de toda clase de vanidad, practicar la humildad, la justicia y por sobre todo el amor al prójimo.

Chávez vivió y murió aferrado a Cristo, y Cristo es amor eterno, la revolución ha de alimentarse de sus enseñanzas, ya basta del materialismo dialectico que gradualmente nos arranca la humanidad y el amor, si quieren los revolucionarios que no miren a Cristo como a Dios, véanlo como un personaje histórico, pero céntrense en sus enseñanzas, y alcanzaremos la fuerza para derribar cualquier obstáculo en nuestros caminos, primero es alcanzar la conciencia que nos permita despojarnos de todo aquello que no es útil a la obra revolucionaria a emprender, luego vivir en la sencillez, en el amor, como verdadera hermandad, evocando las grandes potencias del ser verdadero que somos.

Chávez cometió muchos errores, muchísimos, pero esos errores desde la óptica cristiana uno los examina como ataques a su trascendental misión, distorsiones que eran introducidas con el fin de opacar la grandeza de la encomienda que encarnaba. Chávez descuido muchas cosas, porque Chávez creía mucho en los hombres y mujeres que estaban a su lado consagrados a la obra revolucionaria, pero tardaba en darse cuenta que muchos de los consejos que recibía obedecían a métodos de manipulación para mantenerlo haciendo exactamente lo que les interesaba que hiciera. Con mucha sutileza por supuesto.

El liderazgo de Chávez se basó en la acción, en siempre hacer lo que fuera necesario para liberar a los pueblos de nuestra América, no había una causa de libertad y justicia con la que no se sintiera identificado y comprometido. Todo lo hizo con ese fin. Al final de sus días, comprendió muchas cosas, hasta busco la reconciliación con antiguos amigos que lo adversaban, miro a Cristo, y empezó a predicar su mensaje de amor a todo el pueblo. Le hablaba al pueblo siempre, diciéndole: "Hemos cometidos muchos errores, es cierto y tendremos que rectificar mucho, pero este sigue siendo el camino para la salvación de la Humanidad". Chávez se convirtió en el camino mismo.

¿Hasta cuándo será necesaria tanta inútil confrontación entre hermanos? El único fin de los que dirigen la orquesta siniestra de la opresión de los pueblos es precisamente dividirnos, inocular la terrible enfermedad del odio, ese si es un cáncer real, Chávez fue sanado totalmente. La revolución ha de alimentarse de todas las fuerzas del bien existente en el planeta.

Debemos revelarnos contra cualquier acción dictadas desde las altas esferas del poder orientadas a distraernos de los problemas reales. Chávez fue asesinado porque despertó y no fue jamás manipulable, el verdadero Chávez existió los últimos meses de su vida manifestado plenamente. Los pueblos debemos ser libres, se acabó eso de los mesías, el único mesías es el pueblo unido, ya basta de estar tomándole el pelo al pueblo, Chávez fue único en su liderazgo, Él lograba esa poderosa conexión con el pueblo, porque así era El, una fuerza impulsada por el amor.

Actualmente ni Fidel, ni Correa, pueden sustituir el vacío que dejo. Chávez dejo un vacío del tamaño de la vía láctea, es insustituible. La semilla de Chávez germina ahora en todos los hombres y mujeres de buena voluntad, y nacerá el mesías con la unidad de todo el pueblo, ya que el único mesías al que reconozco es al pueblo mismo, todo lo demás es usurpación malsana.

Chávez lo sabía todo, no fue fácil romper esas cadenas insertadas en su mente con las más sofisticadas técnicas de programación, ¡pero las rompió! Chávez abrió sus ojos, y miro la luz, ¡se espantó de lo que vio! ¡Los desafío a que intenten cerrar mis ojos! Traidores, no podrán ni tan siquiera tocarme con el pétalo de una rosa perfumada. Aun tengo el corazón desgarrado, ¡Cristo ayúdame a no odiarlos!

Ahora es el tiempo de la luz, y sépanlo bien los enemigos de la luz en cualquiera de los lados que se encuentren, porque se encuentran a ambos lados, en la derecha y en la izquierda, por eso ahora veo a las ideologías como una trampa para el revolucionario que lucha por la justicia y la felicidad de sus pueblos, con ellas nos dividen, destruyen familias y naciones. Les digo, y se los digo desde lo más profundo de mí ser: ¡TODO, ABSOLUTAMENTE TODO, SERA REVELADO!

¡Y conoceréis la verdad y la verdad os hará libres!

Hay un país en el mundo, ubicado en el mismo trayecto del sol, en cuyo escudo se encuentra el evangelio del humilde carpintero de Galilea, y desde esa nación que tanto amo Chávez…

CHAVEZ DESPERTO A LOS PUEBLOS, AHORA LUCHEMOS POR LIBERARNOS DEFINITIVAMENTE

Cuando examinamos el control y la manipulación a la que han sometido a los pueblos del mundo, no podemos menos que pensar en la aparente imposibilidad de liberarnos de tan cruenta y dolorosa realidad. Lo peor de la esclavitud a la que estamos sometidos es que nos la han impuesto sin que la podamos advertir, la mayoría de los seres humanos no conocen de su verdadera condición de privados de libertad. La ciencia ha evolucionado, es cierto, y de qué forma, nos sorprenden los niveles científicos alcanzados por la humanidad en todas las áreas del saber humano, pero quienes han promovido estos avances no lo han hecho con fines altruistas.

Existen linajes familiares que desde tiempos remotos han estado bien ocupados en la ejecución de una serie de proyectos de investigaciones con objetivos de manipulación de las masas. Uno de los apellidos que han ejercido el activismo científico de avanzada es precisamente el Rockefeller, fundador de miles de iniciativas, y sustentador de cientos de miles de programas, proyectos e investigaciones de todo tipo y género. Pero por supuesto todas ellas con fines muy oscuros, yo diría que siniestros, dado el alcance de sus propias confesiones en libros autobiográficos del cabeza actual del clan Rockefeller.

Cuando se posee una visión clara de lo que se persigue, y una monolítica unidad de los seres de una misma clase, sumada a una cantidad ilimitada de recursos económicos, por supuesto que se logran resultados. Mucho más cuando quienes están inscritos en estos planes y son partes de una misma visión se han colocado por encima de todas las leyes y normas que pudieran existir con fines de limitar el accionar deliberado de algunos miembros de la sociedad en perjuicio de la colectividad. Pero han sido ellos mismos quienes astutamente han ido configurando un mundo de ideas que se ha ido moviendo en la dirección deseada por ellos. Las ideas fragmentan la unidad humana y las tácticas destruyen los principios originarios que motivan las causas justas.

No es para exculpar a nadie, pero muchas veces los seres corrientes, como yo, que no somos brillantes intelectuales, ni poseemos sendos títulos académicos, nos preguntamos ¿pero cómo tanta gente inteligente no se da cuenta de lo que está sucediéndonos? Eso pensamos, y muchas veces aceptamos con mucha facilidad que nos convenzan con su retórica bien sustentada y cargada de afirmaciones, investigaciones, estadísticas, niveles académicos y científicos alcanzados.

Nuestros intelectuales más destacados en su mayoría son la punta de lanza para invalidar cualquier explosión de conciencia que cuestione la falsedades con las que nos han hipnotizados por tanto tiempo, utilizando todos los recursos habidos y por haber que pudieran existir para imponernos un estado zombi que neutralice nuestro paso a un estadio de verdadera iluminación.

Ellos siempre han dominado todas las creencias e ideologías con las que bombardean a la humanidad, poniéndolas en contradicción unas con otras, creando el movimiento social y en consecuencia el impulso de la historia, pero claro está, totalmente controlado por quienes han sido sus creadores hasta lograr alcanzar los fines inescrupulosos que se han planteado desde que han existido.

El problema actual de la humanidad ya no es un problema de carácter ideológico, no son las teorías las que nos irán conduciendo hacia un mundo promisorio, nos han ido engañando poco a poco, incluso lograron engañar a nuestros próceres en la instauración de la piedra fundacional de la libertad. Nacimos siendo parte del interés de unos pocos en aras del dominio pleno del mundo.

Los Rockefeller han estado vinculados a cuantas iniciativas han considerados necesarias para impulsar sus propósitos eugenistas y de control absoluto de la humanidad. Me atrevo a decir que el verdadero propósito de ellos ni siquiera es controlarnos, sino llegado el momento destruirnos, sus metas son de alcance universal, y en si esos grupos monárquicos, no son más que lacayos de otras fuerzas, quienes realmente detrás de toda esta falsedad e ilusión que nos va llevando al aniquilamiento total de la especie humana.

Esto se ve remarcado en la iniciativa Rockefeller para el contacto formal con seres de otros planetas, ya existe el marco conceptual para darle fuerza a este campo amplísimo del conocimiento ilimitado: La Exopolitica. Y la humanidad no sabe el activismo de grupos de científicos, intelectuales, profesionales de todas las áreas del saber humano, ex funcionarios de países desarrollados, totalmente integrados para los fines de forzar a las naciones potencias de la tierra a que hablen abiertamente sobre todos los intercambios que desde décadas están sosteniendo con seres de otras latitudes del universo viviendo ya con nosotros los seres humanos.

Pero mi pregunta es ¿Quiénes son estos seres que están transfiriendo conocimientos científicos a las potencias del mundo? ¿Cuáles son sus verdaderas intenciones con la humanidad? ¿Estará en riesgo la existencia humana con esos acuerdos que han logrado establecer con todos los gobiernos poderosos del mundo? ¿Dirán los gobiernos de los Estados Unidos, Inglaterra, Rusia, China, El Vaticano, Francia, Alemania, Bélgica y otros gobiernos los increíbles secretos que han compartidos por años? ¿Estarán convirtiendo a la Humanidad en mansas ovejas para beneficiar solo a unos pocos de esos seres venidos de otros lugares del universo?

¿Qué hay detrás del oro? ¿Existe alguna relación de interés de estos seres con nuestros recursos auríferos? Bueno son tantas preguntas, y lo que más me preocupa que ya ni ejércitos existen, ahora son empresas privadas las que ofrecen los servicios de defensa militar sin que responda a ninguna ideología libertaria o justiciera.

Cuando el clan Rockefeller auspicia la exopolitica, y ya un comité del senado norteamericano ha recibido las propuestas de crear un protocolo común para toda la humanidad con el fin de responder unificadamente con los criterios y posiciones correspondientes a la comunidad extraterrestre con las que ya convivimos, y otras que pudieran surgir. El Presidente Ronald Reagan en una ocasión ante la Asamblea de las Naciones Unidas hablo de la posibilidad que la humanidad se una ante una posible amenaza extraterrestre ¿Pareciera de ciencia ficción? Pero no lo es, todo esto está debidamente documentado, solo investiguen.

El capitalismo, el comunismo, el socialismo, la tercera vía, el justicialismo, etc, etc, etc, son todos cuentos ideológicos para producir los comandos manipuladores de la colectividad con miras a conducirla por el rumbo deseado por ellos: La aniquilación de la especie humana.

No existe una fuerza con más poder Revolucionario que la verdad misma, arrasa con todo lo falso, se lo lleva entre sus poderosas extremidades, y nos conduce a la inevitabilidad de la evolución de nuestra especie.

Chávez despertó, ha sido el líder de mayor importancia e influencia con conocimiento de esta verdad dispuesto a divulgarla. Él se asumió como un preso de esas entidades, se sintió tontamente utilizado, su ser verdadero se abría paso, y una liberación espiritual desde la posición encumbrada en la que se encontraba y con el gran poder de influencia que ejercía sobre el continente se hubiese llevado de golpe las cadenas que han oprimido a los pueblos del mundo por tanto tiempo.

La fuerza espiritual del liderazgo de Chávez despertó a los pueblos del continente, ahora nos corresponde a nosotros dar todo nuestro esfuerzo para ser libres de verdad. Debemos seguir nuestro corazón, que sea nuestro propio instinto quien nos lleve por los senderos de la liberación absoluta, ya basta de consignas manipuladoras, de ideas retorcidas, y tanta doble moral.

A quienes piensen que estamos solos, que se preparen, porque no lo estamos. Ya lo verán muy pronto. Una vez le dije a una amiga antigua, la fuerza que rige la Revolución de la Luz, trasciende todas las revoluciones que han existido durante toda la humanidad.

CHAVEZ NO FUE TAN TONTO, DEJO UN EJERCITO SILENCIOSO EN EL CONTINENTE

El Comandante Chávez no solo sembró amor en los pueblos con su solidaridad, su fuerza espiritual y por supuesto con su brazo libertario acompañando a los pobres hacia su redención. Chávez igualmente armo un poderoso ejército por todo el continente americano y el mundo, que muy pronto empezara a revelarse ante la humanidad para la liberación definitiva de la raza humana. Chávez quien se definió tantas veces como un ser humano, y definió a los controladores y programadores del mundo como no humanos, estuvo a todo dar al corriente del gobierno de las sombras.

El sabia todas las intríngulis del poder gobernante, sabía muy bien el papel de títeres que jugaban la mayoría de los gobernantes del mundo, como buen soldado y hombre de fe se consagro a la obra de salvación de la humanidad, sembró mucho, su semilla toda no siempre cayo en terreno fértil pero si hubo mucha que fue absorbida por las sedientas tierras de nuestra América. Nosotros sabemos y estamos bien informados de la operación que se ha activado para intentar eliminar este gran y poderoso ejército. Están desplegados los coyotes del mal tras el rastro de todos aquellos que forman parte de una gran fuerza de liberación que está trabajando arduamente y a la espera de eventos importantes que serán el gran detonante de la Nueva Revolución que dará al traste con todo lo malo y lo falso que se ha apoderado de la humanidad.

Chávez jamás fue un títere de nadie, contrario a lo que se piensa El siempre actuó con plena conciencia, muchas veces a fuerza de dolor y desgarrante sufrimiento. Sufría mucho por la suerte de su familia, se dejó llevar lo suficiente como para ganar tiempo, no tuvo más remedio que aceptar su destino.

Era necesario, ahora gracias a Él, a su increíble trabajo de avanzada desplegado por todas partes en especial América Latina y el Caribe, una poderosa fuerza iluminara a las naciones, ya de hecho se está desactivando esta siniestra operación, sabíamos que sucedería y nos preparamos, ahora los ojos de este poderoso ejército se mantienen vigilando permanentemente para impedir cualquier amenaza. Pero sabemos, lo sabemos todo. Las fuerzas del mal y sus constantes y perversos rituales no podrán detener el despertar de la humanidad.

Pronto, muy pronto sucederán cosas grandiosas, eventos Divinos, no teman, no estamos solos, jamás lo hemos estado, ¡Chávez Vive!

LO PAGARAN QUIENES ASESINARON A CHAVEZ

Celebrando su cumpleaños 59

Se los aseguro que la pagaran, no habrá guarnición que los proteja, lo que hicieron jamás lo podrán tapar, se los aseguro, todos los que lo traicionaron de una u otra forma la pagaran, la maldición ha caído sobre todos los que cobardemente planificaron su muerte una y otra vez, su muerte física, porque Chávez ahora nos guía desde otros planos, desde otras dimensiones, no han podido los rituales oscuros atrapar su alma, Chávez se liberó de las garras del dragón, ahora vive eternamente y su cima es inalcanzable por las potencias enemigas de todas las dimensiones existenciales.

Su asesinato fue bien programado, bien pensado, se desplego el mayor esfuerzo nunca antes utilizado para la estocada de la muerte sobre la bravura de su ser, su pureza los asusto, su valentía despertó a los pueblos oprimidos, Chávez hizo grande la condición humana, fue un verdadero ser humano que entro a las entrañas del monstruo y luego lo destrozo desde adentro, su fuerza infinita despertó a la humanidad del hechizo de las elites perversas que nos dominan.

No crean que lo mataron, aunque si es cierto nos hace falta como nunca, su amor iba venciendo ejércitos, liberando pueblos, causando estragos de felicidad y produciendo emociones jamás experimentada, así era su fuerza, lo amamos todos los que lo esperamos, sabíamos que El estaría para nuestros tiempos, y sépanlo no será jamás un hermoso recuerdo, Chávez se Cristifico, ahora es un UNGIDO de la FUERZA QUE RIGE TODO CUANTO EXISTE, su poder se ha derramado como fuego arcano a los corazones de los humildes y olvidados.

La pagaran los que lo han traicionado, no habrá jamás lugar en esta tierra para esos demonios, la pagaran los que ahora lo traicionan, desde sus propias filas revolucionarias, los verdaderos enemigos de Chávez siempre lo rondaron de cerca, pero jamás podrán vencernos, estamos respaldados por lo eterno e infinito, no nos domina la ilusión de este mundo, serán vencidos todos los que se aliaron a la podredumbre que gobierna el mundo en que vivimos.

Un ciclo de 13 nos anuncia la llegada de la luz verdadera ¿Quién puede impedir el despertar del Ser que Somos? Toda la maldita mentira que nos han inoculado desde siempre se derrumba, nos revelamos tal cual somos ¡Malditos los que se atrevieron a dañarlo! ¡Sean Malditos por siempre los que lo hicieron sufrir hasta el final de sus días!

América Latina y el Caribe aun no logra sobreponerse a tu partida, Comandante Eterno, los pobres del mundo te lloramos cada día, sufrimos tu separación, que dolor más grande siente el alma latinoamericana, se desgarra mi espíritu, nos hundimos en cruel desesperación ¡Malditos los que te traicionaron Comandante Eterno!

Eres fuerza, eres poder ¡Ya despertamos, y no nos volverán a dormir! Se acabó para siempre la vigilia hostil de la opresión perversa, miles de años han sido suficientes, Cristo mismo te ha recibido, pero no para estar en paz con El en su Reino sino para descender junto a Él a la batalla final por la redención de la humanidad

Te vi volver junto a Cristo, te siento revelado en las cadenas de los pueblos que se rompen para ser libres por siempre. Chávez yo sé que tú vives, pero te lloro, yo sé que tú eres Comandante Eterno, pero me da rabia la vil traición que recibiste, Chávez jamás podrán con nuestra luz, nunca vencerán a nuestros seres ¡Viviremos y Venceremos!

¡QUE SE INVESTIGUE YA QUIEN ASESINO AL COMANDANTE SUPREMO!

Tendrán que asesinarnos como a Él pero no nos callaran

Chávez no murió en vano, ni destruirán su legado ni muchos menos callaran las almas que el despertó con su verbo redentor, es tiempo ya de aclarar tantos rumores que andan corriendo por todas partes, se ha hecho inevitable hablar sobre el asunto, el mismo Chávez nos ordenó estar siempre atentos, analizando y analizando, dudando y dudando, jamás creer fácilmente lo que se nos dice, Chávez despertó a los pueblos y desde entonces estamos rebelados, la verdad es la manifestación más poderosa de una revolución, decirla hasta nos cuesta la vida.

Es duro el golpe dado, Chávez no murió plácidamente de muerte natural, a Chávez lo asesinaron, y esta afirmación la escuchamos del Presidente Nicolás Maduro, acompañada de una promesa de investigar su asesinato, igualmente el mismo Presidente Evo Morales de Bolivia lo manifestó, y el Presidente de PDVSA Rafael Ramírez. La verdad y solo la verdad de lo sucedido a Chávez harán que el Chavismo jamás muera.

Pueden activar cuantas campañas sucias y rastreras en su contra, hablar de una supuesta fortuna billonaria en dólares y tantas cosas más, no lograran matar su legado, debemos ser críticos, debemos exigir la verdad, demandarla buscarla o de lo contrario nos viene la catástrofe. ¿Cómo lograron penetrar el círculo íntimo de un hombre tan protegido? ¿Cuál fue el plan macabro? ¿Quiénes de su intimidad colaboraron para perpetrar el magnicidio?

Chávez fue más grande que Chávez, los pueblos despertaron con su voz, con su ejemplo y su lucha. Y eso ya nadie lo podrá detener, estamos despiertos, me resisto a callar por la unidad revolucionaria para no hacerle el juego a la contrarrevolución, nada de miedo, solo la verdad nos da libertad y solo el pueblo con su valor es capaz de obtenerla. Si hubo traidores que se prestaron al plan contra Chávez deben de ser expuestos a los pueblos del mundo que fuimos fieles seguidores de Él.

Pongo mi vida por la verdad revolucionaria, los que callen son igual a los que callaron el asesinato de un hombre justo como Jesús. En una revolución verdadera la cabeza del proceso es la fuerza espiritual que la inspira, y todo lo que se desprende de ella, que nadie más se haga de esa autoridad. El pueblo hace mucho tiempo que está claro del camino a seguir, sin embargo los que asumen la dirección del proceso revolucionario solo quieren que el pueblo comprenda y jamás comprenden al pueblo. De eso estamos cansados, Chávez fue grande porque se identificó con las verdades de los pueblos, con sus historias, sus héroes y mártires, y los abrazo, transfigurándose en cada prócer de nuestra América y en cada lucha justa levantada por los pueblos de nuestra América y del mundo. Eso lo hizo grande, humillarse ante los grandes de nuestra América y el mundo.

La verdad tendrá que salir a la luz, pase lo que pase, cueste lo que cueste, Chávez lo dijo muchas veces, Chávez es el pueblo, y yo agrego Chávez es todo el pueblo latinoamericano y caribeño, tendrán que asesinarnos junto a Él, pero no nos callaran jamás, ¡no ocultare mi rabia por tanta traición burlándose de nuestras luchas carajo!

¡Chávez Vive!

DONDE QUIERA QUE ESTES COMANDANTE CHAVEZ

La mentira ha sido siempre el principal fundamento del sistema opresor de los pueblos que conforman a la humanidad, se ha utilizado inteligentemente para muchos fines, tanto es así, que todos los sistemas de inteligencia del mundo se basan en el diseño minucioso de falsas historias, son brillantes carpinteros de la mentira, la construyen de la nada, la crean para la defensa de los intereses de las naciones o conjunto de naciones que representan. La guerra en sí misma es el arte de la formulación de mentiras para la derrota del enemigo.

Hoy la mentira está presente en todo, sobre ella se ha erigido un mundo falso, quien diría que la mayor y más grande industria del entretenimiento infantil Walt Disney, es una de las grandes mentiras que exhibe el mundo. Es bien sabido cómo fueron utilizados los muñequitos de Walt Disney como propaganda de guerra en la segunda guerra mundial.

Igual esta empresa de tan brillantes producciones infantiles actualmente se dedica a promover pornografía en sus muñequitos, y tantas familias inocentes le entregan sus hijos en las salas de sus propias casas a la industria más depravada que pudiera existir, pero claro está, la propaganda dice otra cosa, y la gente en su mayoría cree que esta empresa luciferiana ayuda a la formación de los niños, cuando es todo lo contrario, talla desde la inocente y tierna infancia un modelo de conducta social basado en la inmoralidad, la perversidad y el libertinaje.

Igual ocurre con otros temas de tan alta importancia, como por ejemplo la FDA de los Estados Unidos de Norteamérica, Wikipedia nos dice de ella, "La FDA (Food and Drug Administration: Agencia de Alimentos y Medicamentos o Agencia de Drogas y Alimentos) es la agencia del gobierno de los Estados Unidos responsable de la regulación de alimentos (tanto para personas como para animales), medicamentos (humanos y veterinarios), cosméticos, aparatos médicos (humanos y animales), productos biológicos y derivados sanguíneos". La FDA está comprometida con el pueblo norteamericano en cuidar que todos los alimentos y productos farmacéuticos que sean de consumo humano respondan a los criterios científicos para que no impliquen un daño para la salud humana.

Sin embargo esta prestigiosa agencia gubernamental norteamericana ha mentido, miente y continúa mintiendo con la pretensión de que ciertos productos altamente cuestionados por agencias científicas particulares sigan en los anaqueles y estanterías de los establecimientos comerciales por asuntos de intereses de los poderosos sectores económicos que lo fabrican y comercializan. Estos sectores por supuesto con una poderosa influencia en la oficina oval de la Casa Blanca de Washington DC y del Capitolio.

Toda esta mentira está costando cientos de miles de casos de enfermedades, muertes y demás daños colaterales a la familia humana, pero por supuesto esto significa un jugoso negocio para las farmacéuticas que ya estaban preparadas con sus medicamentos y tratamientos de salud para enfrentar los efectos que sabían que ocasionarían los alimentos inoculados de venenos y tóxicos con su consumo periódico. Un negocio redondo avalado en la mentira de la FDA y la Organización Mundial para la Salud de la Naciones Unidas, que nunca se ha referido con seriedad de estos asuntos tan graves que padece la humanidad.

La mentira ha estado presente en todas las guerras que se han suscitado en el mundo, en las dos grandes guerras mundiales ha jugado un papel preponderante. La mentira juega un rol fundamental en el actual sistema financiero mundial, dominado por dos o tres grupos de familias miembros de la plutocracia mundial a quienes los dardos acusadores de la crisis financiera y económica mundial nunca les alcanzan ya que están debidamente resguardados en el diseño mentiroso que los encubre y protege.

Y así seguimos con la mentira, con ella gobierna satanás el mundo, domina los gobiernos y hace de las suyas siempre para conquistar sus objetivos.

Yo he escrito aquí con mucha responsabilidad lo que es mi convicción sobre la enfermedad y la muerte del Comandante Eterno Hugo Chávez, he dicho en muchas ocasiones que Chávez fue víctima de un magnicidio, bien estructurado, las elites que gobiernan desde las sombras decidieron eliminarlo.

Y por supuesto ese plan se perpetro con gente allegada al Comandante Chávez, se pudo concebir con la traición de cercanos al Comandante Chávez, y eso hasta lo perciben los tontos. El asesinato ha sido el modus operandis de estas mafias de demonios controladores y programadores del mundo.

¡Ni Cristo se libró de la traición! ¡Pero Resucito!

Chávez decía que solo el pueblo salva al pueblo, y es así, la fuerza de un pueblo pensante, organizado, movilizado es capaz de lograr lo inimaginable. Pero el pueblo solo, sin una fuerza divina, jamás lograría su liberación. Los pueblos necesitan de fuerzas superiores que lo liberen y esas fuerzas se revelan de muchas maneras. En el caso de la Venezuela de la IV República, se hizo a través de un hombre excepcional, HUGO CHAVEZ, su poderosa energía contagio a todo un pueblo que solo esperaba el momento para recorrer el camino hacia su libertad definitiva y segunda independencia.

El pueblo debe de estar atento, examinar con buen juicio y cabeza fría los acontecimientos, y por sobre todas las cosas aprender a leer entre líneas. Cualquier forma de miedo o mentira, necesaria es vencerla. Pero la mentira no viene con ribetes que la develen, esta mezclada con todo lo que parece verdadero para de esta forma poder penetrar y manipular las mentes de los hombres y mujeres de buena voluntad.

En mi convicción de fe, para mi Chávez está más presente y vivo que antes de pasar por esta dura prueba de la enfermedad, se transfiguro en Pueblo, en Lucha, en Victoria y en Unidad de los propósitos del Bien Colectivo. Pero ojo, no todo lo que brilla es oro, una gran mentira pretende cubrir otras tantas mentiras. Irse a los extremos por temor de andar en el medio, por miedo al centro, al equilibrio desde donde fluye la sagrada fuente de todas las verdades espirituales, racionales y morales.

Chávez, donde quiera que estés sigue animándonos a la lucha apoteósica por la salvación de toda la humanidad, revélate cada día más en los pueblos que en ti depositamos la fe y la esperanza de libertad y justicia. Yo sé que Tú Vives, y esta Lucha sigue.

Para concluir les dejo con una parábola titulada "Vestiduras", de Khalil Gibrán:

"Cierto día Belleza y Fealdad se encontraron a orillas del mar. Y se dijeron:

-Bañémonos en el mar.

Entonces se desvistieron y nadaron en las aguas. Instantes más tarde Fealdad regresó a la costa y se vistió con las ropas de Belleza, y luego partió.

Belleza también salió del mar, pero no halló sus vestiduras, y era demasiado tímida para quedarse desnuda, así que se vistió con las ropas de Fealdad. Y Belleza también siguió su camino.

Y hasta hoy día hombres y mujeres confunden una con la otra.

Sin embargo, algunos hay que contemplan el rostro de Belleza y saben que no lleva sus vestiduras. Y algunos otros que conocen el rostro de Fealdad, y sus ropas no lo ocultan a sus ojos".

Y yo digo, la belleza de la verdad y la fealdad de la mentira.

¡Hasta la vida siempre!

¡Viva nuestro Comandante Eterno Hugo Chávez!

Y Conoceréis la verdad y la verdad os hará libres

CHAVEZ: AQUÍ EN DOMINICANA TE DEFENDEREMOS

Con que facilidad se intenta descalificar el legado de uno de los hombres de la actualidad que ha exhibido mayor valor, grandeza y compromiso con las causas de justicia de los pueblos del mundo. Los detractores de siempre del Comandante Chávez andan muy activos, ejerciendo sus dotes de asesinos intelectuales de uno de los más hermosos episodios de la historia latinoamericana, el Chavismo.

Pero es fácil comprender las razones que motivan a estas plumas encadenadas por los intereses trasnacionales en ocupar su tiempo para hacer esfuerzos vanos por derrocar de la cima gloriosa que ocupa a uno de los hombres más cargado de compromiso y fuerza de voluntad que ha conocido la historia.

¿No es acaso esa pluma de bayoneta tiránica la que jamás se ha atrevido a cuestionar a fondo los contratos eléctricos de las generadoras estafadoras de nuestro erario público? ¿O la misma que alarmada elevaba su voz de preocupación ante la posibilidad de un recrudecimiento del conflicto Barrick Gold-Danilo Medina, valorando como muy positiva la presencia de esa empresa detractora, mentirosa y ecocida instalada en la Reserva Fiscal de Montenegro?

Dime a quien defiendes y te diré para quien trabajas. Me imagino que este detractor de Chávez que en una ocasión lo llamo fascista de pura cepa, nunca ha sido capaz de desnudar ante sus lectores las actuaciones luciferianas de la OTAN en el campo internacional, ni mucho menos de la Reserva Federal de los Estados Unidos, la política monetaria de la primera potencia del planeta en manos de usureros internacionales europeos. La Iglesia en manos de Lutero.

Mientras Lula se ocupó de Brasil, con mucho éxito, ganando la admiración y el orgullo de los latinoamericanos, Chávez se ocupó de un continente abandonado a su suerte, ese patio trasero fangoso de los supuestos dueños del mundo. Sintió como suya la causa de los pueblos por su emancipación. Dicho por el mismo Danilo, cuando era Secretario de Estado de la Presidencia del Gobierno de Leonel, a principios del 2004, cuando el Presidente de entonces mando a Danilo a pedir ayuda para buscar financiamiento de Petróleo a Venezuela, Chávez le mando a decir, dile a Leonel que le tengo una mejor propuesta, que le aviso. Y surgió Petrocaribe.

Bueno, ahora Venezuela necesita nuestra solidaridad, y Chávez nuestra lealtad porque lamentablemente no está entre nosotros para defenderse. ¡Viva Hugo Chávez por Siempre!

LA MUERTE DE CHAVEZ Y LA LIBERACION DOMINICANA

La amenaza de Chávez para la Dominicana trascendía nuestra dependencia energética con ese hermano país suramericano, más bien había un profundo temor al hombre que era capaz de conectarse con el dolor de los pueblos y sus anhelos de liberación del yugo oligarca al servicio de los intereses de la plutocracia mundial. Incluso iba más lejos, se sabía comprometer con hechos en la construcción de procesos de cambios en toda la región. Las fuerzas más conservadoras de la sociedad dominicana le tenían pavor, miedo, terror, y vivían muy actualizadas del desarrollo de su obra revolucionaria en todo el continente.

Y no era para menos, con su brazo libertario ejemplarizante ya se habían parido otros procesos semejantes en la región, tales son los casos de Brasil con Lula, de Bolivia con Evo, de Ecuador con Correa, sus alianzas con la pareja presidencial Kirchner, el triunfo electoral del sacerdote Fernando Lugo en Paraguay, la elevación a la primera magistratura del Estado de Pepe Mujica, el triunfo de Ollanta Humala en el Perú, y otros tantos fenómenos en gestación que avanzaban con fuerzas por toda nuestra América orientados a conquistar la utopía de la justicia y la igualdad de nuestros sufrientes pueblos.

Las elites gobernantes en Dominicana no podían hacerse de la vista gorda del poderoso influjo del Chavismo, ante la pérdida de credibilidad de los partidos del sistema y la profundización de la crisis del modelo pseudo capitalista feudal del sistema actual, sabían que era una bomba de tiempo, que las condiciones estaban dadas para fraguar un movimiento de cambios que por supuesto aprovecharía la ola cada vez más creciente y emancipadora que se movía en nuestro entorno internacional.

Desarrollaron todo tipo de estrategias para confundir al pueblo en torno a Chávez y evitar su incorporación en el proceso de liberación de nuestro pueblo, una de ellas fue puesta en marcha por el anterior presidente Leonel Fernández, personaje camaleónico capaz de hechizar y encantar con su verborrea, sus constantes maniqueísmos, sabiéndose mover en dos terrenos antagónicos y adoptando posturas cónsonas con el escenario maliciosamente destinado a hechizar.

Y sí que ganaron tiempo estas elites corruptas con el mejor defensor de sus intereses que logro capitalizar el efecto Chávez para sus mal sana gestión entreguista conservadora elitista. A esto agréguenle, la caballería de inteligencia que lanzaron para neutralizar cualquier contacto del Chavismo con grupos emergentes, considerado de alto peligro para los intereses de este sistema corrupto. Figuras de todos los órdenes camuflados de progresismo supieron ejercer su rol.

Pero eso también tuvo su caducidad, y la CIA lo sabía, que solo con el uso inteligente de estas estrategias no iban a parar el poderoso efecto del fenómeno Chávez en el Continente. Y ya ven lo que paso, Chávez anunciado enfermo, luego de más de una año de lucha contra el cáncer, falleció. El actual Presidente Maduro, ha afirmado en muchas ocasiones que Él está convencido que a Chávez le inocularon esa enfermedad. Y yo así lo corroboro, a Chávez lo asesinaron.

Perdimos un gran aliado los pueblos que en El siempre vimos una esperanza de redención, pero que sepan estas elites, que la transformación en nuestra nación ya está en marcha, su ritmo acelerado e indetenible terminara por conquistar los sueños de justicia y verdad para nuestro pueblo. Ya este proceso es infalible, porque quien lo rige es el primer fundamento de nuestra Patria, DIOS. ¡Hasta la victoria siempre!

CAPITULO III

LA DOMINICANIDAD DEVELADA

"Y CONOCEREIS LA VERDAD Y LA VERDAD OS HARA LIBRES"

EVANGELIO DE JUAN 8, 32

EL PECADO ORIGINAL DE LA REVOLUCION

No ser dueño de nuestra voluntad, guiarnos por ideas creadas por otros, dejarnos penetrar por una cultura decadente desde nuestra morada uterina, aceptar la historia humana como cierta, vendernos la escuela convencional como formadora cuando es todo lo contrario, centros de adoctrinamientos de quienes han diseñado los programas educativos en todos los niveles no respetando el principio universal de la libertad del ser, hasta reducir el potencial infinito con el que nacemos a su mínima expresión.

No atacar la ambición, vendernos la adulación y el culto a la personalidad como valores propios de la lealtad. Pretender revolución sin auto generación de los que están llamados a realizarla. Vender la liberación de los pueblos sin antes habernos liberados nosotros mismos de la opresión de la cultura decadente en la que vivimos.

Atacar las ramas y dejar intacto la raíz, el tronco y la tierra donde está enclavado el mal. Vender la maldad como algo vivo, y no como la ausencia de la luz, del bien y del amor.

Darle fuerza al Estado y la Republica pensada por los tiranos, pensando que estando en su cima produciremos las transformaciones necesarias de los pueblos. No disolver ese estado corrupto y corruptible, dejarnos distraer con tácticas y estrategias hasta convertirnos en lo que no somos de tanta negación continua de convicciones intimas y principios luminosos.

En definitivo ser el hazme reír de quienes siempre nos han dominado por un lado o por el otro, mientras disfrutan los placeres de gravitar imperturbablemente en la cúspide de la pirámide del poder controlador y manipulador.

Creernos todos los cuentos de hadas que nos venden, hacernos recorrer un camino de liberación ficticio, mientras los pueblos continúan padeciendo los mismos males de siempre, no importa quienes gobiernen, sin son conservadores o no, de izquierda o de derecha.

Ese ha sido el pecado original de todas las revoluciones, han nacido manipuladas, bien pensadas, son parte del mismo juego del sistema que hace de los pueblos infelices, han sabido ocultar muy bien quienes son los que dirigen la obra detrás de las bambalinas, mientras los malvados se mofan de los tontos que siempre hemos sido.

Ese pecado original es la historia de la humanidad negándonos la inocencia original. La inocencia de la cual brota la pureza, la conciencia del ser que somos, el potencial infinito para vivir la vida a plenitud de felicidad y libre de los condicionamientos de esta cultura siniestra en la que nos obligan a vivir.

Pecado original de que pensemos que es imposible superar la angustia que vivimos, negador del verbo creador que poseemos.

Pecado original de vendernos Dioses falsos, doctrinas creadas en laboratorios espantosos de las ciencias sociales de los principales tanques de pensamiento con los que cuentan esas elites perversas.

Modelarnos a unos pocos hombres como los extraordinarios, cuando todos lo somos.

Pecado original, que nos han inculcado, que lo hemos aceptado como nuestra naturaleza esencial, cuando lo que más define nuestra condición es la inocencia original con la que empezamos este largo camino.

EL COMUNISMO VERDADERO EMERGIO DE JESUS Y SUS APOSTOLES

Las luchas de clases son el motor de la historia, afirmación de K.Marxs, cierto es, la utopía de la justicia solo será posible cuando dejen de existir la sociedad de clases, y seamos una verdadera comunidad de iguales. Donde la propiedad privada y la usura desaparezcan de la estructuración social. La mayoría debe de ser dueña de los medios de producción, el capital debe de estar distribuido equitativamente en todos los sectores que integran la nación. Marxs baso su utopía en la lucha del proletariado, los trabajadores que son usurpados por los dueños del capital de su plusvalía.

Nos dejó la dialéctica como filosofía, y asumió que sus postulados no eran de carácter eterno sino que podían cambiar conforme evolucionara la sociedad misma. La degradación perversa de los valores de la sociedad capitalista, ha hecho surgir una expresión antagónica a esta debacle moral y espiritual: La fuerza moral. Esta fuerza moral esta sin discusión en los espacios donde el pueblo está buscando escapar de toda esta degeneración propiciada por el capitalismo despiadado. Estos espacios son justamente las comunidades cristianas y religiosas que buscan la luz de la verdad en las enseñanzas de Cristo, el hombre de mayor influencia en toda la historia de la humanidad.

Los seguidores de Cristo, aunque maliciosamente han jugado a ignorarlos, se han constituido en una fuerza de tal magnitud, que son a mi humilde consideración, la fuerza social organizada más poderosa presente en las naciones. Es por eso que ante las amenazas a la civilización espiritual y moral por parte de este sistema infernal, se revelan con el poder de la Fe, del Amor y la Regeneración, los auténticos cristianos, constituyéndose en el poder moral de nuestros pueblos. Los cristianos somos ya una poderosa clase, capaz de producir la más extraordinaria y trascendental revolución de todos los tiempos: LA REVOLUCION DEL AMOR.

La sociedad dividida en clases jamás podrá alcanzar el sueño de la justicia, siempre los de arriba lucharan para explotar a los de abajo e impedirles superar las limitaciones que le niegan una vida digna. Este sistema capitalista que únicamente apuesta a ganar- ganar, y cuyo centro de gravedad es la acumulación de la riqueza y en consecuencia del poder en pocas manos, terminara por destruirnos a todos sino somos capaces de hacer algo urgente.

Los Cristianos verdaderos poseídos de la fuerza del Espíritu Santo, debemos de extender ese poder salvador de almas, capaz de transformar vidas, a todos los niveles posibles, no podemos únicamente vivir los fundamentos del cristianismo en nuestras cómodas comunidades religiosas, necesario es ir más allá de esas paredes e involucrarnos con nuestras comunidades convirtiendo el mensaje de salvación en una poderosa e infinita fuerza regeneradora de las sociedades.

La fuerza del mensaje cristiano asume su más sublime y poderosa expresión en la comunión de los hermanos, así lo establecieron los cristianos primitivos cuando se constituyeron en semilla de un comunismo de liberación que amenazo los intereses de la época y en consecuencia fueron perseguidos los seguidores del humilde carpintero de galilea al extremo de quererlos extirpar del seno de la madre tierra.

"Todos los que habían creído estaban juntos, y tenían en común todas las cosas; y vendían sus propiedades y sus bienes, y lo repartían a todos según la necesidad de cada uno", así reseña el libro de los hechos de los apóstoles de las sagradas escrituras las nuevas comunidades cristianas nacientes, un verdadero comunismo inspirado por Dios, donde todos se esforzaban unánimes en la unidad, la solidaridad y la oración.

Si caminamos en los postulados cristianos pero nos auto marginamos de la participación en las grandes decisiones políticas que de continuo definen el rumbo del mundo, pues estaríamos dándole la espalda a una de nuestras más elevadas responsabilidades: Llevar la luz eterna del Evangelio de Cristo a todos los estadios de la Sociedad, con miras a su liberación de las huestes del mal que hoy gobiernan los pueblos.

En Dominicana, el país del amor eterno, el nombre con el cual fuimos bautizados para dar testimonio de la luz, se gesta una matriz civilizadora, la semilla de una nueva estirpe se organiza divinamente en estos suelos, tanto es así, que nuestro pueblo su Fe la vive más allá de un compromiso religioso, no necesita el pueblo militar en una religión para irradiar esa poderosa fuerza espiritual, por el hecho de ser dominicano, lo irradia. Duarte nuestro libertador, bastante desconocido en el mundo, fue en su tiempo un mesías predicando más que la creación de una nación, la gestación de una raza de profetas, apóstoles, convirtiendo desde sus inicios a nuestra nación en una que fundamente sus instituciones estatales en los preceptos de la conciencia universal que domina la armonía del todo.

Ahora alienta el Papa Francisco a sus miles de millones de feligreses a la participación política como una forma de servicio a la humanidad. Le digo al Papa Francisco desde esta trinchera de lucha, que prosiga con las reformas de la Iglesia Católica, que tomen acciones revolucionarias, como empezar a entregar las riquezas acumuladas del Vaticano a los pobres del mundo, abandonar el culto a los símbolos paganos y luego entonces seguir el mensaje sencillo, humilde y redentor del carpintero de Galilea Jesús el Cristo.

No será un cristianismo intelectual el que nos salvara, sino el que se nos presenta con poder verdadero, el cristianismo de la fuerza regeneradora, del infinito amor que todo lo transforma, la teología de la liberación es una percepción u análisis en las mentes intelectuales del poder real de Cristo actuando en los pueblos y la gente para su liberación definitiva.

No podrán intelectualizar, ni mucho menos manipular la fuerza divina que hace del mensaje de Cristo una potencia elevada capaz de iluminarlo todo con su expresión. Es el cristianismo de la acción, de la renuncia voluntaria a las riquezas y las vanidades del mundo, es el cristianismo que nos llama a la santidad en oposición a la degradación moral, la lujuria, la perversión y la mentira.

Es el cristianismo de la vida en comunidad, que convierte la vida en eterno servicio al prójimo, el cristianismo que rompe las imaginerías con las que manipulan, los cuentos de apariciones divinas, el que se siembra en la conciencia humana para despertarla, el que nos muestra su rostro con el compromiso diario con los necesitados, el que se lanza a conquistar la justicia sin retrocesos. Es el cristianismo que avanza por encima de los dogmas, de las creencias, y se vive transmutando en amor sublime, tierno y esencialmente bello.

La fuerza desde donde nace la verdadera revolución emergió de un pesebre rodeado de animales, desde esa morada de paz, surgió la fuerza que nos liberara para siempre, así será, así de hecho está siendo. Y por más que se esfuercen en evitarlo, triunfara el propósito cristico que encarno Jesús.

Muchas trampas se han inventado a todo lo largo de la historia, intentan confundir a la humanidad hasta diciendo que Jesús nunca existió. En primera instancia persiguieron a los seguidores de Jesús, uno de los más grandes holocaustos que conoce la humanidad fue precisamente los asesinatos en masas que el imperio romano realizo para intentar vanamente de extirpar de la tierra el mensaje del Galileo.

Luego lo asumieron como Fe, contradictoriamente un Emperador Romano fue su primer Papa, centro el mensaje en su poder político e impuso una iglesia sincrética, ligando dos líquidos no miscibles, el evangelio de liberación de Jesús con tradiciones paganas. Más tarde vinieron las reformas de la Iglesia planteadas por Lutero, se liberó el mensaje del Hijo de María y las naciones empezaron a entenderlo en su propio idioma, ya que antes nadie podía entender porque se predicaba en un idioma que el pueblo no comprendía.

Cuanto oscurantismo religioso, lo han atacado de todas formas, y de todos modos el poderosísimo evangelio de liberación de Jesús, ha logrado zafarse de las prisiones humanas, como podría el hombre retenerlo, imposible, su mensaje más que sus ideas, son la misma revelación del Divino Creador a la Humanidad. Es la fuerza que posee la potestad de despertarnos con el solo hecho de chocar con nuestras conciencias dormidas.

En la actualidad, han infiltrado el Evangelio, desde grupos poderosos religiosos inyectan doctrinas paganas hasta ocultar totalmente el Evangelio Real, y ya ustedes pueden observar las cantidades de ricos que han parido esas iglesias falsas, confundiendo y desviando la atención de los pueblos al verdadero y poderoso mensaje del Maestro Jesús.

Tanta conspiración contra el Evangelio de Jesús, llama a la reflexión, hoy sus principales enemigos se erigen en sus representantes. Quienes representan a Cristo son los que viven de acuerdo a su mensaje, únicamente esos. No el fariseísmo hipócrita cuya misión es confundir y evitar la explosión del poder del mensaje de Cristo en la Humanidad.

Demasiado tarde, ya todo está preparado.

Somos la única fuerza capaz de movilizar a los pueblos para hacerlo protagonistas y arquitectos de su porvenir, hagámoslo, y acabemos con toda esta podredumbre que pervierte a la juventud y nos conduce a la condenación. Tal cual lo profetizo el mismo Padre de la Patria Dominicana, que seremos los providencialistas los que salvaremos la Patria del infierno al que nos tienen sometidos los ateos, los cosmopolitas(capitalistas), los orcopolitas (ciudadanos del infierno).

DEL MANIFIESTO COMUNISTA AL CRISTIANISMO DE LIBERACION

Luego de haber transcurrido más de 165 años de su primera publicación, El Manifiesto Comunista conserva la misma fuerza emancipadora del sueño eterno de redención y felicidad de toda la Humanidad. Las reveladoras ideas esbozadas en este documento de tan alta importancia histórica trazaron el sendero revolucionario que dominaría la historia de las luchas de los pueblos irredentos hasta la actualidad. K. Marx y F. Engels descodificaron leyes universales de la sociedad histórica de la humanidad en todos los tiempos que dieron inicio a una nueva era de predominio de la razón sobre la superstición y el autoritarismo religioso, interpretando magníficamente la dinámica del movimiento de la historia: Las Luchas de Clases.

En 1848 broto del genio de Marx y Engels una teoría científica de carácter histórico, una filosofía nueva para afrontar los desafíos de la vida con el propósito de alcanzar fines superiores: El Materialismo Dialectico.

"La Vida de la Burguesía se ha hecho incompatible con la Sociedad", así lo expresaron estos dos genios de nuestra historia, y ciertamente es así, este documento síntesis profetiza con tal claridad los eventos del presente, que se le encrespan los pelos a uno al leerlos. "Lo que caracteriza al comunismo no es la abolición de la propiedad en general, sino la abolición del régimen de propiedad de la burguesía..."

En un mundo que no termina de resolver las problemáticas básicas de la supervivencia humana, y que anda a la deriva en un modelo oscuro y perverso, destructivo y egoísta, como lo es el sistema capitalista, prevalecen aun las luces marxistas tras el surgimiento del hombre nuevo.

Este hombre nuevo no será jamás el fruto de una doctrina basada en el dogma ya sea este de tipo político, religioso o ideológico. Este hombre nuevo brotara del lodo de la sociedad decadente, y surgirá espontáneamente en todo el tejido social de la humanidad, como el verde que renace de un tronco caído, porque en definitiva la esencia humana más allá de sus contradicciones recurrentes, producirá el milagro histórico de la estirpe iluminada.

Mientras el Proletariado era la clase pujante en esa época de revueltas revolucionarias, hoy en día en consonancia con la mutación que experimenta nuestra sociedad, es la gran masa cristiana, aglutinada en las distintas denominaciones religiosas, las que ahora adquieren categoría de clase, y se constituyen en el primer poder moral de nuestros pueblos.

Los Cristianos somos la fuerza humana organizada más poderosa de nuestros tiempos, si tan solo un porcentaje reducido de esta inmensa masa humana convirtiera su mensaje de regeneración en mensaje de liberación universal, les aseguro que resaltaría en primer orden la Revolución de mayor trascendencia en la historia de la Humanidad, la misma que empezó hace más de dos mil años: LA REVOLUCION DE LOS CRISTIANOS.

LOS PRIMEROS CRISTIANOS VIVIAN EN COMUNAS

"Todos los que habían creídos estaban juntos, y tenían en común todas las cosas, y vendían sus propiedades y bienes, y lo repartían a todos según la necesidad de cada uno". Del libro de los hechos de los apóstoles, capitulo 2 verso 44,45.

Las ideas son las armas creadas por un conjunto de intereses del género humano con el fin de definir, delinear, explicar y defender su rol existencial en el colectivo del cual forman parte. Cierto es que las mismas nos ayudan a la comprensión del fenómeno de nuestra naturaleza, apuntalan la línea de actuación necesaria para la satisfacción del pequeño grupo que la produce.

Las ideas son el enfoque siempre interesado de quienes la producen, más en sí mismas no representan una fuerza poderosa, toda vez que defienden los intereses de una clase dentro de la sociedad humana. Por lo que las ideas son promovidas con el fin de persuadirnos a la visión o espurios objetivos (en la mayoría de los casos) de quienes la generan.

Por eso he afirmado en reiteradas ocasiones que las ideologías, que no son más que el conjunto de ideas, conceptos, normas y doctrinas tendentes a realizar la visión humana de quienes la formulan. Las ideologías nacen cuando las ideas, conceptos, argumentos, vivencias y los elementos culturales son direccionados a la consecución de un mismo fin por parte de un sector de la población humana.

La educación de los pueblos siempre ha sido controlada por los sectores dominantes del momento, los ciudadanos son educados en función de la visión de los poderes facticos de esas naciones, en consonancias con el conjunto de sus intereses. Los medios educativos al servicio de los pueblos constituyen el método por excelencia para influenciar las ideologías de sus grupos gobernantes al conjunto de la sociedad.

Es por ello que si queremos en verdad alcanzar la libertad, es imperativo pues que descubramos quienes han sido los grupos de poder que se han mantenido dominando y beneficiándose de las beligerancias humanas. Quienes han mantenido sus intereses intactos pese a la confrontación de los diferentes grupos humanos de distintas ideologías, razas, nacionalidades y creencias religiosas.

Estos grupos son los que han tomado el control universal de la educación, por supuesto en diferentes vertientes, se han aprovechado del conocimiento humano para usarlo aviesamente para imponer sus objetivos de dominación y supremacía. Solo hay que seguir el dinero, quienes han estado suministrándolo para estimular distintas iniciativas de todo tipo y género, y que fines persiguen con las mismas.

Usan ideas humanas, ideas cargadas de justicia, ideas libertarias, ideas de hermandad, ideas de géneros, ideas nacionalistas, ideas de progreso material, ideas culturales, ideas religiosas, para manipular a las masas y producir determinados resultados en aras de preservar sus intereses.

Igual manipulan los conocimientos científicos, sus avances para profundizar aún más en los temas de manipulación y control de las masas. Sus fines no son liberarnos sino esclavizarnos en base al engaño, la demagogia y la percepción.

Por eso es que cuando logran sus objetivos, inmediatamente se desvanecen sus ideologías, porque sus propias actuaciones lo confrontan. El árbol se conoce por su fruto, nos dijo el humilde carpintero, debemos poner nuestra atención más en los frutos que en las ramas, puesto que son actores bien entrenados para engañar.

Quienes promueven ideologías solo aspiran a fragmentarnos, quienes actúan con amor sin pretenderlos lo transforman todo. Mientras las ideologías nos separan, el amor nos crea conciencia de la unidad que somos.

He visto familias reunidas en armonía, reconociéndose como tal y compartiendo recuerdos de experiencias vividas juntas, irradian esa hermosa fuerza. Y las he visto divididas cuando algunos de sus miembros anteponen sus intereses particulares a la conciencia familiar, ya sea por conflictos económicos, inclinaciones partidarias, etc.

El amor es la única fuerza trascendente que puede lograr la redención de la humanidad. Pero necesario es amar sin descanso, sin límites, sin prejuicios, debemos reconocer que el amor es lo único que nos hace humanos.

El amor de Jesús hizo que sus apóstoles y discípulos quisieran abandonarse a la vida comunitaria, de hermandad, entregando voluntariamente todos los bienes que poseían para que fueran utilizados para el bien de la comunidad, sin represión, ni leyes que lo obligaran, ni normas. Esto amenazo los intereses de las elites.

Esa fuerza que se comporta como un poderoso imán que nos impregna de un magnetismo poderosísimo capaz de romper con cualquier prejuicio, programación o ideología.

Para mí las ideologías dividen, el amor unifica. Debemos dejarnos impulsar por el amor no por ideas o ideologías.

El comunismo cristiano es un comunismo voluntario, no basado en programación o adoctrinamientos, más bien en sentimientos de un amor lo suficientemente elevado y sublime como para experimentar gozo infinito con la entrega que tenemos.

Sin ese amor, será imposible la redención humana. Desde Lenin hasta nuestros tiempos, la humanidad no alcanza las utopías que se propuso. Los mismos que se beneficiaron con Lenin y demás, son los mismos que se benefician con el gran capital. Son los supremos dueños de la acumulación, solo reparten miserias, degradación y sufrimientos.

Esa es la pura verdad.

ENTRE EL DOLOR, LA TRAICION Y LA MANO NEGRA

Horror e indignación es lo que siento cuando veo como algunos revolucionarios se me parecen a una estatua de piedra lanzada desde un farallón y se desploma al caer al suelo, desmoronándose en millones de pedazos. Son unos verdaderos monstruos depredadores que se llevan por delante la vida pura de tantos buenos seres humanos.

Bienaventurados los que padecen persecución por causa de la justicia, porque de ellos es el reino de los cielos. Hoy tengo la sangre bien caliente, cuando uno se entera de tanta maldad, aun no logramos superar el dolor de tu partida Comandante Chávez, mientras tus verdugos te convierten en objeto de culto, tenemos que tragar amargamente la traición cobarde y vil de esos malditos, ¡Que jamás tendrán paz, nunca dormirán tranquilos!

¡Maldita mano negra, la inmundicia la cubre, cuando vuelvas a salir, sin misericordia serás cortada!

No hollaras más la dignidad de los justos, de los verdaderos hijos de la luz, a quienes nunca nos alcanzaran tus anatemas y malignos conjuros. Aquí está la luz de la Conciencia Universal resplandeciendo en justicia y verdad.

¡Dos ojos ven más que uno!

Y conoceréis la verdad y la verdad os hará libres.

LA REVOLUCION VERDADERA

El Comandante Chávez la anuncio en el final de sus días

La Revolución verdadera nadie en particular la ha creado, de hecho siempre ha existido, su fuerza radica en la verdad del ser que somos, su principal arma es el AMOR, en la VERDAD esta su estandarte. No ha sido Marx quien creo por primera vez el concepto de Revolución con su primer documento histórico asignado a elaborar junto a Engels, El Manifiesto Comunista, colocando al proletariado como el poderoso ejército que luchara las grandes batallas por un mundo ideal.

La fuerza motriz de la historia ha sido la ambición por el poder y la opresión de los que ostentan ese poder sobre los que lo padecen. Los Revolucionarios son los profetas que surgen de la verdad revelada y se enfrentan a esos poderes oscuros, los desafían, y quienes lo siguen lo hacen porque la luz de esos seres los despertó. El movimiento de la historia ha sido siempre controlado por esos grupos, y dirigidos antojadizamente por los rumbos que ellos siempre ha determinado.

Han sido capaces hasta de aprovechar las fuerzas del bien para lograr el impulso maligno deseado por ellos. Luego las eliminan. Eso no sucederá con nosotros en esta ocasión. Ya basta, ahora seremos nosotros quienes tomaremos el timón de la historia. ¡La Revolución Bolivariana de Venezuela sobrevivirá! ¡Ahora esta fusionada a la Revolución que Cristo encarno! Chávez se hizo uno con Cristo, por eso somos invencibles. Vean sus últimos mensajes, sigo aferrado a Cristo.

Habrá llanto y dolor, pero para la plutocracia mundial satanista, será aplicada la eugenesia pero para la maldad latente en el planeta, crujirán los dientes, si pero los dientes de esa generación de víboras.

Un poder ejercido por personas que han sido fracturadas emocionalmente, dañadas desde su infancia, sin que haya primero logrado superar ese dolor, tiende al despotismo, la falta de amor creara la sociedad del caos, de la ambición, de las injusticias. Mientras más dolor acumulado, cuanto más sea el daño que nos provocaran, sin que por supuesto exista la más mínima dosis de amor en esas vidas mayor será el potencial de destrucción de esos seres. Solo analicen las vidas de los grandes líderes de la historia, de los dictadores. No puede ser el odio lo que mueva los cambios en las sociedades, será únicamente el AMOR lo que producirá la redención de los pueblos.

Ni la sabiduría, ni toda la ciencia y conocimiento acumulado, podrán darnos el camino hacia la superación de los males que nos aquejan. Chávez lo entendió, lo comprendió, penetro en esas dimensiones ocultas, a Él se le revelo su Ser verdadero, dialogo con su naturaleza más íntima y desato la fuerza infinita del verdadero que siempre espera revelarse ante todo el mundo. La fuerza que sustento la Revolución Bolivariana fue la del infinito amor de su Ser por su pueblo, por los que sufren, por los que lloran.

Revolución Verdadera siempre ha existido, por ello las elites en lugar de atacar las ideologías la promueven, se prestan con mayor facilidad para el debate divisor, son útiles para sus perversos fines de manipularnos y oprimirnos sin que tan siquiera nos enteremos. Por supuesto donde no dan tregua es en el ataque sistemático, constante e inteligente contra el Ser que en verdad somos. Por ello centralizan las informaciones, se apoderan de los medios que la transmiten y se hacen cargo de la Educación a nivel Mundial (UNESCO), para adoctrinarnos, para impedir que seamos, para desviarnos del camino del ser que somos.

Atacan y atacan hasta la aniquilación total de nuestra más pura esencia, nos programan para odiar, para la respuesta violenta, para causar dolor a nuestros semejantes y por supuesto todo esto en base a falsos valores que a través de todos sus recursos siniestros nos van vendiendo para modelar un ser social distinto a lo que somos. Chávez lo anuncio, la Revolución nueva que se aproxima es la que siempre se nos ha revelado desde las dimensiones elevadas del espíritu. Cristo la proclamo, y desde entonces estamos batallando.

No permitan que seres llenos de traumas profundos psicológicos sin superar sean sus guías, solo un ser liberado completamente de la programación perversa de estos grupos luciferianos anti humanos, de la practica autentica del amor y la santidad, podría conducir una Revolución Verdadera. Hoy en día quienes nos gobiernan son psicópatas, criminales, megalómanos, y en el mejor de los casos son ciegos, borregones e ingenuos. Les digo no le teman a sus garras, las mismas no podrán ni tan mínimamente lacerar la fuerza infinita que siempre hemos sido. Toda la densa oscuridad se desvanecerá ante el resplandor de la luz eterna del Ser Real que somos. Las cadenas que rompió Cristo con el poder de su mensaje de amor, jamás serán restituidas, no nos engañaran jamás, ya somos libres, y por siempre lo seremos.

En una ocasión un hermano del buro de inteligencia de Chávez me dijo, Rafael, ¡Despierta!, y ahora le digo, lo estoy a plenitud, con toda la fuerza infinita del Padre Universal, listo para la batalla final de los tiempos, preparado para darlo todo por la Revolución Verdadera, dispuesto a vencer a los dragones de la maldad.

LA INFERNAL DEMOCRACIA QUE NOS GOBIERNA

La maldad nos dirige, manda en nuestras sociedades, cierto es que mientras más nos acercamos a las alturas, más hediondas se ponen nuestras almas. El camino del bien ha estado bien obstruido, cuantos obstáculos se colocan en el camino de los justos, se conspira de continuo para hacerlos desaparecer. Una tremenda locura, como intentar apagar la luz del sol a pleno día. Se esfuerzan con obstinada perversidad.

Los buenos de la sociedad son aislados. Es definitivo, al final todos terminan rendidos a los arreglos espurios de quienes controlan con mano de hierro y sin misericordia todos los asuntos del Estado oligarca. La ley no existe para quienes con maldad absoluta dominan la voluntad de las naciones.

La democracia no existe, esa es la realidad, no existe la libertad, solo espacios controlados para expresar únicamente lo que no se riñe con el poder gobernante. Así de igual se comportan las Revoluciones, son tensiones acumuladas por los pueblos, en base al sufrimiento social, a la pobreza y la miseria que aúpan desde el solio del poder político, modelan la conducta psicópata de quienes serán los futuros líderes que gestionaran los cambios generacionales, en esencia el odio ya lo tienen inoculados. Cuando les toque su turno, se comportaran igual.

Los medios controlados, los periodistas comprados, las informaciones manipuladas, todo, todas sirviendo a intereses de malvados, ocultando siempre la verdad, escondida se pudre detrás del telón, entre la sangre pestilente de los sacrificios oscuros, los asesinatos y la destrucción de nuestra más pura esencia.

Estoy abrumado de tanta maldad. Cuantos falsos profetas tendiendo una sábana negra en el horizonte de la humanidad.

Miren bien, la democracia no existe, la libertad no existe, la verdad no ha sido revelada.

¡Hasta siempre! ¡Ni revoluciones ideológicas! ¡Ni cristianismo fariseo! ¡¡¡Solo la verdad nos hará libres!!!

¿POR QUE LAS GRANDES POTENCIAS NOS NIEGAN A LOS EXTRATERRESTRES?

Ya la humanidad actual no es un bebe en pañales, habla el lenguaje de las leyes del universo, hablamos y pensamos, somos racionales, usamos mucho el razonamiento, y por supuesto las nuevas tecnologías de última generación, nos han lanzado a un mundo de ficción puesto que así solo nos lo mostraban, y resulta a ser que ese mundo de ficción es en verdad el auténtico, el real, el mundo desconocido pero no por eso inexistente.

En una ocasión el Director del Observatorio del Vaticano José Gabriel Funes en el año 2008 expreso: "Así como existen una multiplicidad de criaturas en la tierra, pueden existir otros seres en el universo, hasta inteligentes, creados por Dios, eso no contradice nuestra fe porque no podemos poner límites a la Libertad creativa de Dios ¿Por qué no podemos hablar de un hermano Extraterrestre? Seria parte de la Creación". La historia de la Civilización humana registra en sus anales toda una serie de irrefutables pruebas sobre la existencia de estos seres, y por supuesto su relación con Reyes, Papas y otras personalidades connotadas, que sin lugar a dudas lograron tal nivel de realización gracias a ellos.

En reciente entrevista al Primer Ministro Ruso Medvedev, Ex Presidente de la Federación Rusa, expreso claramente, estando en el set ya fuera del aire, pero lo grababan, que al llegar a la presidencia de la Federación se le confían todos los proyectos concernientes a los visitantes de otras partes del universo a la tierra y de manera particular, los programas especiales de investigación extraterrestres que han llevado los Rusos desde la antigua URSS.

El Ex Primer Ministro de Defensa de Canadá Paul Hellyer igual se ha pronunciado respecto al tema de los visitantes extraterrestres, revelando incluso como los mismos le habían advertido sobre el derrotero que seguía la humanidad hacia la destrucción del Planeta Tierra. La Princesa del Japón, Kaoru Nakamaru sorprendió al mundo sobre experiencias extraordinarias las cuales ella califico de espirituales, con seres extraterrestres e intraterrestres, y a partir de estas revelaciones se ha dedicado a la transmisión de mensajes provenientes de estos amigos especiales.

El ganador del prestigioso premio pulitzer, John Mack dedico intensos años de su existencia al tema, entrevistando alrededor del mundo personas con algún testimonio que aportar al respecto, un caso muy famoso reseñado por este inquieto y revolucionario documentalista fue el que tuvo lugar en una escuela de África. Extrañamente este personaje destacado del periodismo murió en un confuso accidente de tránsito aun no esclarecido.

Un caso reciente es el de la Astronauta de la Nasa que se desmayó en plena rueda de prensa cuando se disponía contar su experiencia con estos seres en una incidentada misión que estuvo en todo momento acompañado de naves extraterrestres, todo debidamente documentado. Sufrió dos desmayos seguidos, no pudo concluir su narración, todos sabemos de los fuertes entrenamientos a lo que son sometidos estos profesionales de la exploración espacial y del código del silencio que juran para no desvelar secretos de la agencia especial a la que prestan sus servicios.

Ya se cuentan con documentos desclasificados rusos de la antigua URSS, y su agencia de inteligencia la KGB. Imágenes reales de extraterrestres, documentación en video y voz de encuentros amigables que estos programas secretos sostenían con estos seres provenientes del espacio exterior. De la misma manera un grupo de científicos encabezados por el Dr. Steven Greer que formaron parte de estos programas secretos especiales de investigación y contacto con seres extraterrestres en los Estados Unidos, revelaron al mundo en rueda de prensa ante los medios de comunicación nacional e internacionales(por supuesto nunca salió una sola información de lo que dijeron estos valientes hombres y mujeres), todo lo que sabían, entendían que había llegado el momento de la Revelación e instaban al Presidente de los Estados Unidos a compartir con la humanidad toda la información documentada que tenían en su poder de estos visitantes del espacio exterior.

Son muchos los testimonios que se tienen de la existencia de estos seres, pero la nueva civilización basada en tecnologías cada vez más sofisticadas, y los increíbles avances científicos que se están abriendo campo ¿No sería una clara evidencia de la influencia de estos visitantes? ¿ Acaso no hemos despertado repentinamente de una época de ruedas, velas, lanzas, catapultas, a la era de vehículos espaciales, telefonía, informática, energía limpia(aunque aún no la aplican como ya ellos saben), etc.

Preparémonos, necesario es hacerlo, la Revolución de nuestros tiempos estará poderosamente condicionada con este nuevo episodio galáctico en el que ya nos encontramos y que por supuesto impactara poderosamente nuestra cultura. Exijamos a nuestros gobernantes que nos hablen más de estos programas secretos, a los medios de comunicación masivos que empiecen a abrirse a estos temas, que sean debate nacional, para acabar con la censura científica, y pasar de la mediocridad y el encierro a la libertad y la iluminación.

Existe una clara, perversa y descarada intención de mantenernos al margen de estas verdades, la de controlarnos, mientras menos sepamos, más nos manipulan con lo que ellos saben, ya lo están haciendo con los avances científicos y tecnológicos, con las nuevas tecnologías del implante de chips para el control mental, al igual que lo están haciendo con el uso de las tecnologías para el control de la sociedad en su conjunto.

El analfabeto de estos tiempos, no es necesariamente el que carece de las capacidades para leer y escribir, más bien son aquellos que se han dejado llenar de información manipulada arrancándole la virtud particular con la que nacemos de pensamiento racional y crítico. Un analfabeto convencional (que no sabe leer y escribir) muchas veces piensa mejor que un académico producto de la educación que nos ofrece la sociedad. El uno es libre, el otro perdió su libertad de pensamiento cuando se dejó programar con informaciones maniatadas por quienes siempre han instruido a sus ciudadanos para controlarlos no para hacerlos libres ¡Despertemos!

EPILOGO

LA DECEPCION

Sera el estado natural de los seres humanos de los tiempos venideros, la verdad se está abriendo paso, sabemos que el mal nos arropa y lo tenemos dentro, pero no hacemos nada por extirparlo, nos dicen que sería peligroso, que debilita el proceso revolucionario ¿Qué Revolución?

El espíritu humano revisa la historia oficial, los resultados la han convertido en una tira cómica de mal gusto.

Peligrosamente estamos despertando, nuestra conciencia ensanchada debilita los cimientos de una falsa. Si no somos capaces de reconocer quienes manipulan sigilosamente los hilos que mueven las supuestas revoluciones, entonces les estamos haciendo el juego al Mal.

Si, estaremos muy decepcionados, bien desconcertados, amargamente confundidos, pero necesariamente despiertos. Preparémonos para ver y oír. Muchos desearan no haber nacido jamás.

El mundo es un gran manicomio, los más carecemos de poder, y lo que es peor pensamos que quienes nos dirigen son hombres o mujeres capaces, buenos, sinceros y equilibrados. El poder actual no atrae nada bueno, solo maldad, traición, descaro, aberraciones y demás.

La decepción será un gran desafío para los pueblos, será el peor enemigo que enfrentaremos.

Si nos sobreponemos a ella, la luz nos revitalizara, vendrá el renacimiento. Hasta las piedras están declarando.

Fuerzas hermanos latinoamericanos y del mundo ¡¡¡Cristo Viene!!!

BIBLIOGRAFIA

- Advocación Social Infinita. Reportaje: Periódico Dominicano Ultima Hora, Pagina 31. Edición del domingo 30 de marzo del 1997. Autor: **Ramón Rafael Casado Soler**.

- Dominicana El Nombre es el Hombre. Sección Opinión: Periódico Matutino Dominicano El Caribe. Edición del martes 17 de enero 2012. Autor: **Rafael Guillen Beltre**.

- Casado Soler, Evangelista del Homo Dominicanus. Sección Opinión: Periódico Dominicano El Nuevo Diario. Edición del domingo 15 de abril del 2012. Autor: **Rafael Guillen Beltre.**

- Dios y la Revolución son el único camino. Sección Opinión: Periódico Dominicano El Nuevo Diario. Edición del jueves 10 de noviembre del 2011. Autor: **Rafael Guillen Beltre.**

- Holocausto Moral. Sección de Opinión: Periódico Dominicano El Nuevo Diario. Edición del viernes 16 de diciembre del 2011. Autor: **Rafael Guillen Beltre**.

- Ya basta de alimentar la bestia moribunda. Sección de Opinión: Periódico Dominicano El Nuevo Diario. Edición del jueves 23 de junio del 2011. Autor: Rafael Guillen Beltre.

- Hacia un liderazgo responsable. Sección de Opinión: Periódico Dominicano El Nuevo Diario. Edición del domingo 03 de octubre del 2010. Autor: **Rafael Guillen Beltre**.

- Dominicana contra el nuevo orden mundial. Sección de Opinión: Periódico Dominicano El Nuevo Diario. Edición del martes 30 de octubre del 2012. Autor: **Rafael Guillen Beltre**.

- Desde Dominicana con Amor de Cristo. Columna: Notas de Retaguardia: Periódico Venezolano Correo del Orinoco. Edición del sábado 20 de agosto del 2011. Autor: **Hugo Rafael Chávez Frías**.

- La Oración Revolucionaria y Milagrosa de Hugo Chávez. Sección Actualidad: Portal Digital Venezolano Aporrea. Edición del lunes 14 de enero del 2013. Autor: **Rafael Guillen Beltre.**

- ¡Ganaremos esta nueva batalla Comandante Chávez! Sección Ideología y Socialismo del Siglo XXI: Portal Digital Venezolano Aporrea. Edición del viernes 15 de febrero del 2013. Autor: **Rafael Guillen Beltre**.

- Socialismo del Siglo XXI: Democracia protagónica y humanista. Sección de Opinión: Periódico Dominicano El Caribe. Edición del lunes 11 de febrero del 2013. Autor: **Rafael Guillen Beltre.**

- Chávez: El milagro que pedimos. Sección de Actualidad: Portal Digital Venezolano Aporrea. Edición del jueves 17 enero del 2013. Autor: **Rafael Guillen Beltre**.

- Chávez y la Cristificacion de la Patria Grande. Sección Actualidad: Portal Digital Venezolano Aporrea. Edición del domingo 20 de enero del 2013. Autor: **Rafael Guillen Beltre.**

- Chavez solo duerme ¡Y Resucitara! Sección Actualidad: Portal Digital Venezolano Aporrea. Edición del domingo 17 de marzo del 2013. Autor: **Rafael Guillen Beltre**.

- El Inmenso Vacío Que Nos Deja Hugo Chávez (1 de 3). Sección Actualidad: Portal Digital Venezolano Aporrea. Edición jueves 04 de abril del 2013. Autor: **Rafael Guillen Beltre**.

- El Inmenso Vacío Que Nos Deja Hugo Chávez (2 de 3). Sección Ideología y Socialismo del Siglo XXI: Portal Digital Venezolano Aporrea. Edición del domingo 07 de abril del 2013. Autor: **Rafael Guillen Beltre**.

- El Inmenso Vacío Que Nos Deja Hugo Chávez (3 de 3). Sección Ideología y Socialismo del Siglo XXI: Portal Digital Venezolano Aporrea. Edición del jueves 11 de abril del 2013. Autor: **Rafael Guillen Beltre**.

- ¡A Chávez lo asesinaron porque despertó! Sección Ideología y Socialismo del Siglo XXI: Portal Digital Venezolano Aporrea. Edición del jueves 08 de agosto del 2013. Autor: **Rafael Guillen Beltre**.

- Chávez abrió sus ojos ¡Cristo ayúdame a no odiarlos! Sección Ideología y Socialismo del Siglo XXI: Portal Digital Venezolano Aporrea. Edición sábado 31 de agosto del 2013. Autor: **Rafael Guillen Beltre**.

- Chávez despertó a los Pueblos, Ahora luchemos por liberarnos definitivamente. Sección Actualidad: Portal Digital Venezolano Aporrea. Edición del domingo 15 de septiembre del 2013. Autor: **Rafael Guillen Beltre**.

- Chávez no fue tan tonto, dejo un ejército silencioso en el Continente. Sección Internacional: Portal Digital Venezolano Aporrea. Edición del sábado 10 de agosto del 2013. Autor: **Rafael Guillen Beltre**.

- Lo Pagaran quienes Asesinaron a Chávez. Sección Por los Derechos Humanos Contra la Impunidad: Portal Digital Venezolano Aporrea. Edición del sábado 28 de julio del 2013. Autor: **Rafael Guillen Beltre**.

- ¡Que se investigue ya quien asesino al Comandante Supremo! Sección Ideología y Socialismo del Siglo XXI: Portal Digital Venezolano Aporrea. Edición del domingo 11 de agosto del 2013. Autor: **Rafael Guillen Beltre**.

- Donde quiera que estés Comandante Chávez. Sección Actualidad: Portal Digital Venezolano Aporrea. Edición del lunes 07 de octubre del 2013. Autor: **Rafael Guillen Beltre.**

- Chávez: Aquí en República Dominicana te defenderemos. Sección Opinión: Periódico Dominicano El Caribe. Edición del miércoles 19 de junio del 2013. Autor: **Rafael Guillen Beltre.**

- La Muerte de Chávez y la Liberación Dominicana. Sección Opinión: Periódico Dominicano El Nuevo Diario. Edición del miércoles 24 julio del 2013. Autor: **Rafael Guillen Beltre.**

- La Santa Biblia. Antigua Versión de Casiodoro de Reina (1569). Revisada por Cipriano de Valera (1602). Edicion del año 2000. **Sociedades Bíblicas Unidas**.

- El pecado original de la Revolución. Sección Actualidad: Portal Digital Venezolano Aporrea. Edición del viernes 30 de agosto del 2013. Autor: **Rafael Guillen Beltre**.

- Los primeros cristianos vivían en comunas. Sección Ideología y Socialismo del Siglo XXI: Portal Digital Venezolano Aporrea. Edición del sábado 21 de septiembre del 2013. Autor: **Rafael Guillen Beltre.**

- Entre el dolor, la traición y la mano negra. Sección Ideología y Socialismo del Siglo XXI: Portal Digital Venezolano Aporrea. Edición del martes 17 de septiembre del 2013. Autor: **Rafael Guillen Beltre**.

- La Revolución Verdadera. Sección Ideología y Socialismo del Siglo XXI: Portal Digital Venezolano Aporrea. Edición martes 13 de agosto del 2013. Autor: **Rafael Guillen Beltre.**

- La infernal democracia que nos gobierna. Sección Opinión: Periódico Dominicano El Nuevo Diario. Edición del domingo 16 de junio del 2013. Autor**: Rafael Guillen Beltre**.

- Dominicana El País Del Amor Eterno. Impreso y editado en la Republica de Dominicana. Edición del año 1983. Autor: **Profesor Ramón Rafael Casado Soler**.

Printed by Books on Demand GmbH, Norderstedt / Germany